Tenea

Tenea (ἡ Τενέα), Dorf im Gebiet von Korinth an einem der Wege in die → Argolis, etwas s. des h. Chiliomodi. Sehr geringe Reste. Kult des Apollon Teneates. T. galt im Alt. sprichwörtl. als glücklich, wohl wegen der Kleinheit [...]
Aus: K. Ziegler, W. Sontheimer u. H. Gärtner (eds.): *Der Kleine Pauly.* Lexikon der Antike. Bd. 5, Sp. 585. München (Deutscher Taschenbuch Verlag), 1979.

Douglas Fernando

Tsunami in Sri Lanka

Die Trümmer schreien nach einem neuen Anfang

TENEA

Bristol Berlin

Douglas Fernando:
Der Tsunami in Sri Lanka – Die Trümmer schreien nach einem neuen Anfang

Berlin 2005

Umschlaggestaltung: Michael de Maizière, Berlin
Graphische Beratung: Jürgen Becker, Berlin
Druck und Bindung: TRIGGERagent productions GmbH, Berlin
TENEA-Graphik: Walter Raabe, Berlin
Printed in Germany 2005

ISBN 3-86504-115-9

Dieses Buch widmen wir
allen bei der Flutkatastrophe gestorbenen Kindern
und unserem geliebten Sohn

Joshua David Fernando

Steht nicht an meinem Grab und weint.
Ich bin nicht hier, ich schlafe nicht.
Ich bin die tausend Winde,
das Diamantenglitzern auf dem Schnee.
Ich bin der Sonnenschein auf reifem Korn.
Ich bin der sanfte Herbstregen.
Wenn ihr aufwacht in der Morgenstille,
bin ich der schnelle Flügelschlag
stiller Vögel in kreisendem Flug.
Ich bin der Stern, sein mildes Licht in der Nacht.
Steht nicht an meinem Grab und weint,
ich bin nicht hier ...

(Quelle : unbekannt)

Inhaltsverzeichnis

Grußwort des Botschafters der
Demokratischen Sozialistischen Republik Sri Lanka XI
Vorwort XV
Danksagung XVII
Karte von Sri Lanka XIX
Auszüge aus der Ansprache des Bundespräsidenten XX
Tsunami buchstabieren XXII

Der Tsunami

Sri Lanka nach der Naturkatastrophe –
Chance in der Tragödie 1
Die Katastrophe 1
Die Entstehung eines Tsunami 1
Ursache der Katastrophe – Deutungsversuche
der Betroffenenen 6
Auswirkungen des Tsunami vom 26. Dezember 2004 8
»Alles hat seine Stunde ...«, aus: Kohelet 3,1–6 10
Bilder der Verwüstung 11

Sri Lanka
gestern – heute – morgen 47

Die Religionen
Hinduismus
Die Entwicklung philosophischer Gedanken 51
Zwei Systeme der indischen Philosophie 51
Was ist Hinduismus? 52
Situation vor Ankunft der Arier 52
Die Ankunft der Arier in Indien 52
Was sind Veden? 53
Die Einteilung der Veden 53
Acht bedeutende Begriffe im Hinduismus 54
Weitere wichtige Aspekte im Hinduismus 57
Weiterentwicklung philosophischer Gedanken 57
Schlussfolgerung 57

Buddhismus

Das Leben des Buddha

Die Geburt des Siddhartha Gautama 61
Buddhas Lebenswende 62
Die große Verabschiedung des Siddhartha 62
Siddharthas Wanderjahre und Erleuchtung 62
Buddhas Tod 65
Hauptkonzile des Buddhismus 66

Dhamma – Buddhas Lehre 67

1. Die edle Wahrheit vom Leiden 68
2. Die edle Wahrheit von der Leidensentstehung 68
3. Die edle Wahrheit von der Leidenserlöschung 69
4. Die edle Wahrheit von dem zur Leidenserlöschung führenden Pfad 69
Das Buddhistische Theravada-Glaubensbekenntnis 71
Die Pali-Literatur 71
Vergleich Buddha – Jesus 75

Christliche Standpunkte zum Tsunami 77

1. Pater Dr. Raimund Bruderhofer OCD 77

2. Pater Paul Weingartner OCD 83

Tsunami – eine konzentrierte Naturkatastrophe 83
Die Natur hat verletzt – in der Kraft des Geistes vermögen Wunden zu heilen 83
Permanente, aber leicht vergessene Tragödien 84
Geleitet von der Sehnsucht nach einer besseren Welt 84

Meditation über einen Stein 85

Islam 89

Das Leben des Muhammad 89
Grundzüge des Glaubens 90
Götter und Dämonen 90
Das Glaubensbekenntnis und die fünf Säulen des Islams 90
Der Koran 91

Frühe Baukunst in Sri Lanka

Das Kulturdreieck – »The cultural triangle«

Architektur und Bauelemente des Buddhismus 95
Mihinthale 99
Anuradhapura 101
Polonnaruwa 105
Sigiriya 111
Dambulla 114
Kandy 116

Die Geschichte Sri Lankas
Geschichtlicher Überblick ... 123
Die Geschichte Sri Lankas in chronologischer Zusammenfassung ... 132

Sri Lanka heute
Demographie des Landes ... 139
Geographie und Klima des Landes ... 139
Staat und Gesellschaft ... 141
Politik und Wirtschaft ... 141
Die Hauptstadt Colombo ... 147
Die historische Hafenstadt ... 149
Die Nationalhymne Sri Lankas ... 150
Frauen in Sri Lanka ... 151
Wichtige Handelsprodukte ... 155
Stoffe und Batiken ... 155
Messingwaren ... 156
Masken ... 163
Der Tee Sri Lankas
Tee und Sri Lanka sind untrennbar ... 165
Die Anbaugebiete ... 171
Gesetzliche Feiertage in Sri Lanka ... 175
Fauna und Flora Sri Lankas ... 181
Die Fauna ... 181
Das Elefantenwaisenhaus ... 189
Exotische Pflanzenwelt ... 196
Früchte, Gewürze ... 201

Sri Lanka – Die Gesellschaft von Morgen
Vorsorge – Vernunft – Verantwortung ... 215
Visionen ... 216
Einzelschicksale ... 217
Schlusswort ... 219
Quellenverzeichnis ... 221

EMBASSY OF THE DEMOCRATIC SOCIALIST REPUBLIC OF SRI LANKA

NIKLASSTR. 19
14163 BERLIN, GERMANY

Tel: +49-30- 80909749
Fax: +49-30- 80909757

E-mail: info@srilanka-botschaft.de
commerce@srilanka-botschaft.de

Web site: www.srilanka-botschaft.de

MESSAGE FROM THE AMBASSADOR OF SRI LANKA

I am pleased to send this message to the publication that Dr. Douglas Fernando CEO of Avila Management & Petruswerke is bringing out to raise funds for a number of projects that are to be implemented in Sri Lanka to help post-tsunami reconstruction.

I appreciate very much the commitment and generosity of Dr. Douglas Fernando and all the other companies and individuals who have come forward to assist this worthwhile project.

I have been deeply touched by the out-pouring of sympathy and offers of assistance by millions of Germans after the tsunami catastrophe in Sri Lanka.

I extend my very sincere thanks to all those who have contributed in cash and kind towards the rescue and relief of the survivors and the long-term reconstruction.

JAYANTHA PALIPANE
AMBASSADOR OF SRI LANKA

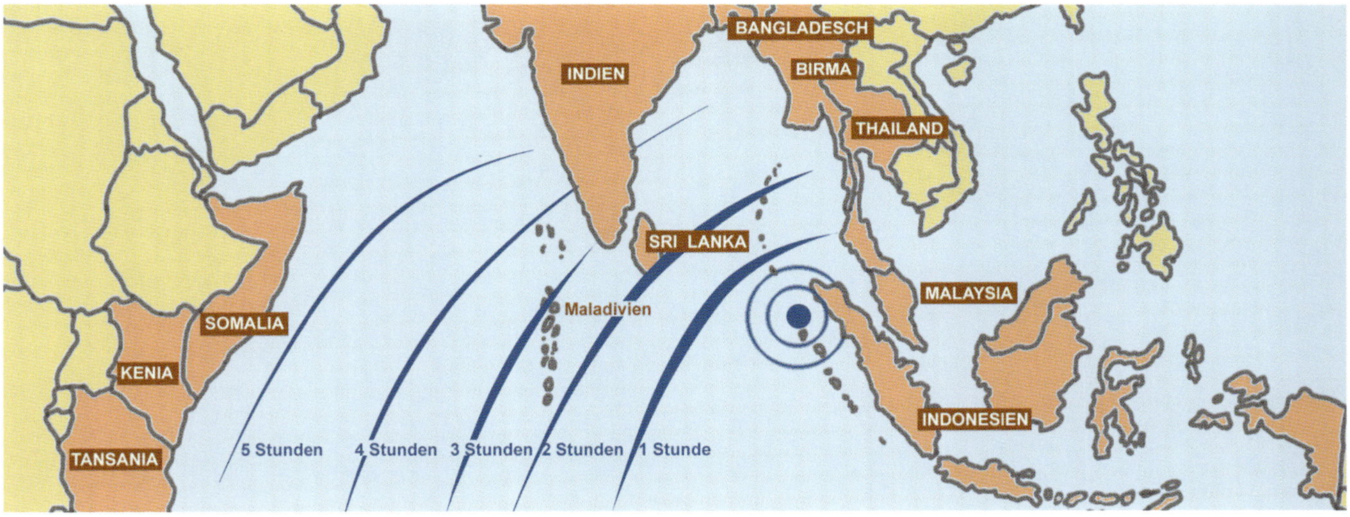

Ausbreitung des Tsunami am 26. Dezember 2004.

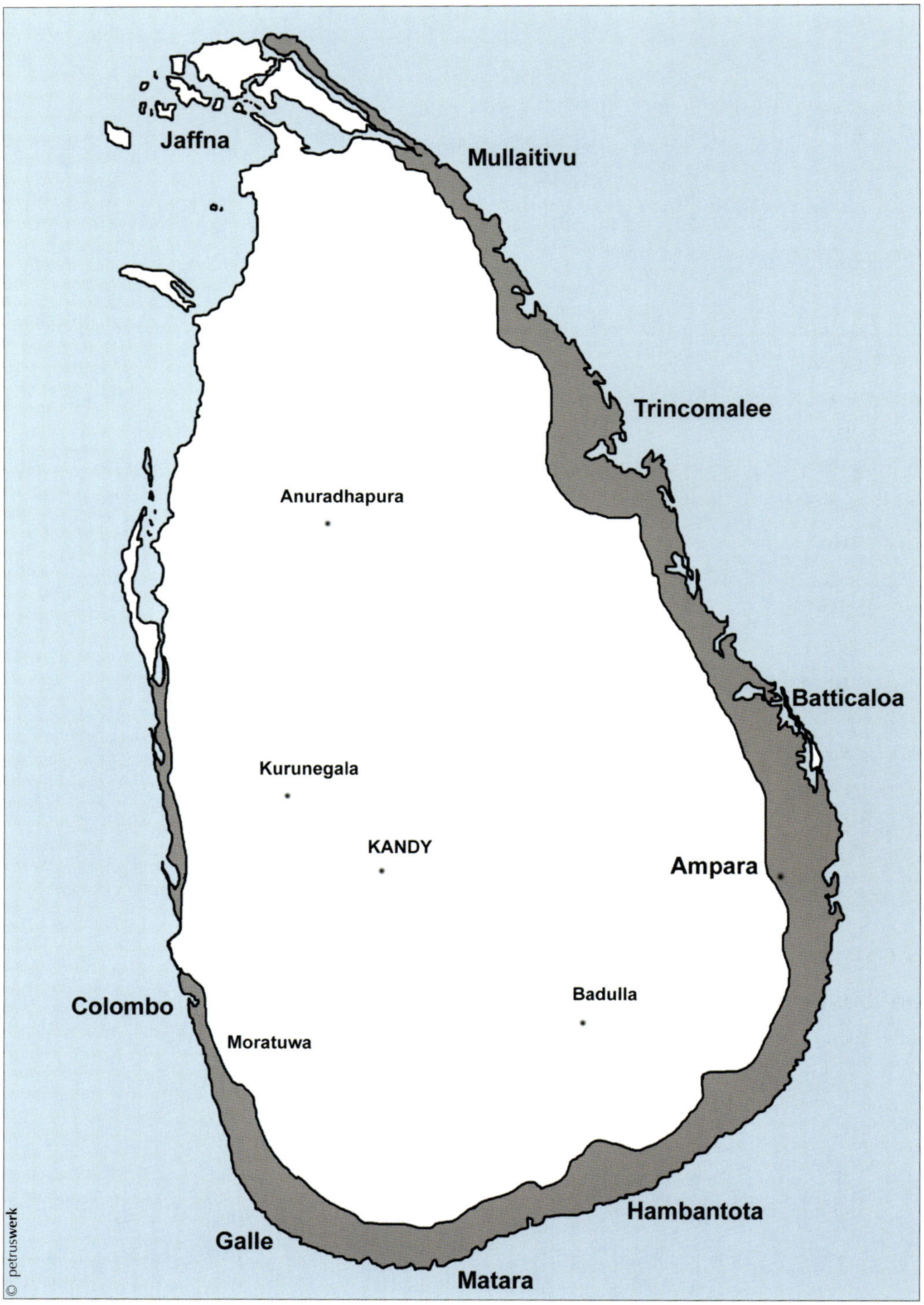

Der eingefärbte Küstenrand bezeichnet die von der Flutwelle heimgesuchten Gebiete.

Vorwort

Am 26. Dezember 2004 gegen 8.25 Uhr Ortszeit verursacht ein schweres Seebeben eine gewaltige Riesenwelle – einen Tsunami – und trifft Sri Lanka mit einer Geschwindigkeit von rund 800 Stundenkilometern. Die Flutwelle erreicht eine Höhe von zehn Metern und dringt über fünf Kilometer tief in das Landesinnere. Die Folgen sind verheerend. Die gesamte Infrastruktur des Küstengürtels wird zerstört.

Mehr als 30 000 Todesopfer, mehr als 5000 Vermisste und 800 000 Obdachlose bilden die traurige Bilanz dieser Flutwelle allein in Sri Lanka.

Die Bilder der Katastrophe auf den folgenden Seiten sprechen für sich. Das unermessliche Leid der betroffenen Menschen lässt sich nicht in Worte fassen. Beim Betrachten der Bilder drängt sich die Frage auf: Wie können die Menschen diese Tragödie überwinden? Für die Beantwortung dieser Frage ist es wichtig, ein Grundverständnis für die Bedeutung der Religion im täglichen Leben der Menschen zu entwickeln.

In der südasiatischen Kultur ist die Lebensweise nicht von der Religion zu trennen. Beide stehen in wechselseitiger Beziehung zueinander.

Die Vergangenheit Sri Lankas zeigt, dass bereits in früher Zeit, die Religion bedeutenden Einfluss auf das tägliche Leben und in der Folge auf wirtschaftliche und politische Systeme hat. Als Beispiel sei Mahinda, der Sohn König Asokas, genannt. Er bringt den Buddhismus nach Sri Lanka und interpretiert vorhandene Glaubensvorstellungen neu. Somit nimmt er Einfluss auf die Gesellschaft und findet Antworten auf Fragen, wie zum Beispiel die nach der Beseitigung gesellschaftlicher Missstände. Der Einfluss der

Religion unter Beachtung vorhandener Strukturen hat in Sri Lanka immer zu Fortschritt geführt und das Land weiter entwickelt.

Die alten Ruinen der Tempelanlagen als kulturelles Erbe vergangener Epochen sind ein Beweis, dass Sri Lanka schon in früher Zeit ein Land mit hoch entwickelter Kultur war. Das Land war damals, im Gegensatz zu heute wirtschaftlich unabhängig. Es entstanden Bauwerke, die von einer enormen technischen und kulturellen Leistungsfähigkeit zeugen; so zum Beispiel die Kloster- und Tempelanlagen in Anuradhapura, Polonnaruwa und anderen Städten, sowie das ausgedehnte Bewässerungssystem und die Stauseen.

Die Menschen in den vom Tsunami betroffenen Regionen können in der Schönheit der Natur und im geschichtlichen Rückblick die Motivation für einen heutigen Neuanfang finden. Deshalb gewährt das Buch auch Einblick in diese Schönheit der Natur. Die Natur mit ihrer Faszination ist der größte Reichtum von bleibendem Wert. Daher gilt es diesen Schatz verantwortlich zu nutzen, zu bewahren und zu pflegen. Dieser Reichtum kann heute als eine Quelle unter vielen für den wirtschaftlichen Wiederaufbau dienen.

Der Tsunami hat viel Unglück über die Menschen gebracht. Seine Folgen bedeuten neben dem menschlichen Elend auch einen enormen ökonomischen Rückschlag für das Land. Aber bei alledem hat die Katastrophe die Menschen zusammengeführt. Es ist an der Zeit, mit Hilfe neuer Denkmuster aus dem Dilemma herauszufinden. Ein Dilemma, das darin besteht, dass die vorhandenen gesellschaftlichen Missstände sich durch die Katastrophe vervielfältigt haben und damit deren Beseitigung scheinbar schwieriger wird. Jedoch wird die Suche nach Wahrheit zu Veränderungen führen.

Neuen Gedanken folgen Worte und Taten. Neue Gedanken werden durch Worte verbreitet und bewegen die Menschen. Den Worten folgen Taten. Die Taten verändern die Gesellschaft.

Die Trümmer, vor denen wir heute stehen, schreien ihre Nachricht dem Betrachter entgegen. Die Trümmer klagen an: Warum ist dies geschehen?

Mein Herz und meine Seele sind voller Trauer, mir fehlen die Worte angesichts dieser schrecklichen Katastrophe und dem damit verbundenen unmenschlichen Leid.

Meine Trauer gilt den Toten, mein Mitgefühl den Überlebenden, den Menschen, die ihre Kinder, ihre Väter, ihre Mütter, Schwestern oder Brüder, ihr Hab und Gut verloren haben. Wir sind in Gedanken bei ihnen und beten für sie.

Dr. Douglas Fernando

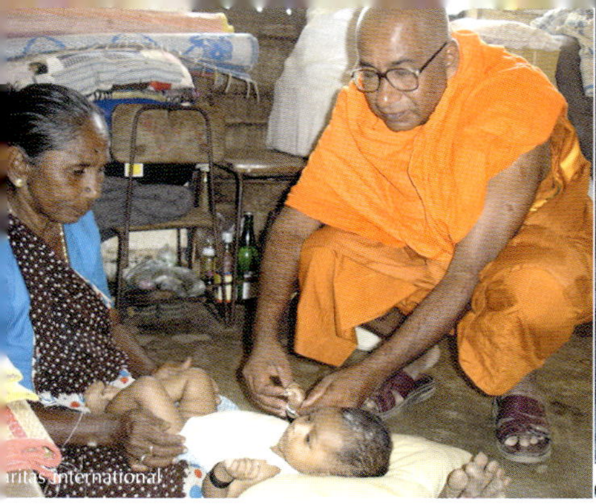

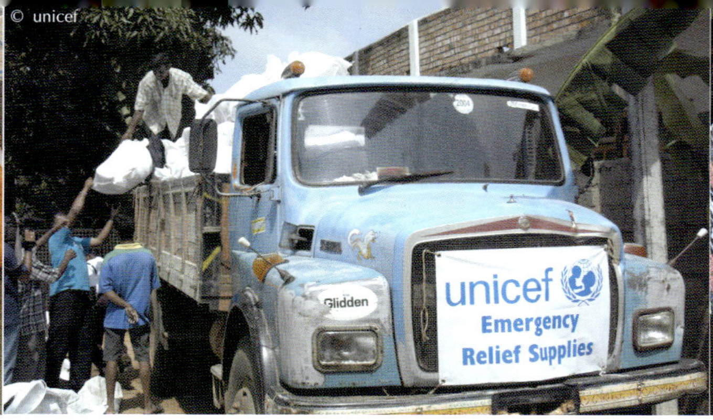

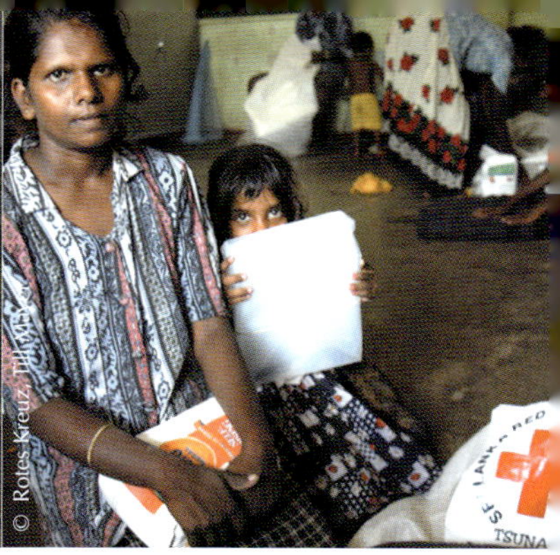

Danksagung

Mit dem Erwerb dieses Buchs haben Sie für die Opfer der Flutkatastrophe gespendet. Diese Spende geht direkt an die Seebebenopfer für konkrete Wiederaufbauprojekte in Sri Lanka.

Dieses Buch ist keine Reportage, welche die Ereignisse der furchtbaren Naturkatastrophe vom 26. Dezember 2004 beschreibt. Dieses Buch will den Betroffenen Mut und Hoffnung geben. Dieses Buch will Einblicke und Kenntnisse vermitteln. Denn Wissen und Einfühlungsvermögen sind die Voraussetzung für Verständnis und Verantwortungsbewusstsein der Menschen der westlichen Welt.

Das Buch umreißt die Entwicklung Sri Lankas bis in die Gegenwart und berücksichtigt dabei die Kultur des Landes, seine Religion und Aspekte seiner Wirtschaft. Dank an alle Organisationen, die dieses Buch durch die Bereitstellung von Bildmaterial unterstützt haben:

Ich bedanke mich bei allen, die an der Entstehung des Buchs beteiligt waren:

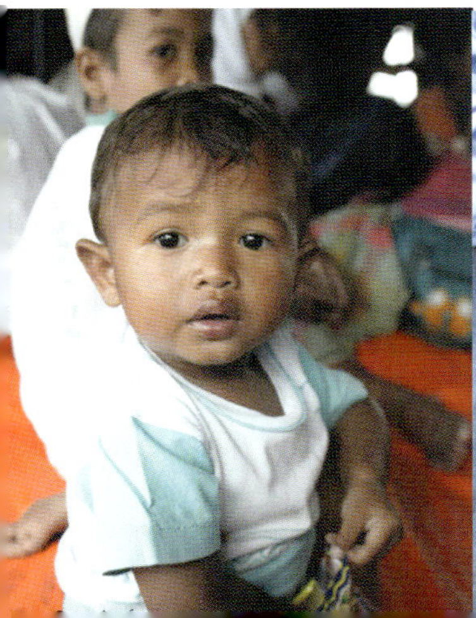

Bilder zur kostenfreien Verfügung gestellt haben: AKG-images GmbH; asoka Freundschaftskreis Sri Lanka e. V., Fotograf Bernhard Kern; Bundesbildstelle, Fotografin Andrea Bienert; caritas international; Dencil Fernando; Iranga Gunawardana; der Karmeliterorden; Malteser Hilfsdienst e. V., Auslandsdienst, Fotograf Kurt Oxenius; Nadeesh Wickramage; petrus**werk**, Ursula Schamberg, Raimund Rösler; Christoph Pilz; Rotes Kreuz, Till Mayer; SLTB, Sri Lanka Tourist Board; Unicef Deutschland, Fotografin Helga Kuhn.

Bei meiner Frau sowie bei Frau Regina Schwenke, Frau Ursula Schamberg und Herrn Raimund Rösler sowie bei Pater Roberto Maria Pirastu OCD bedanke ich mich für Recherche und vielfältige Unterstützung. Dem Tenea Verlag Ltd. sei für die gute Zusammenarbeit gedankt.

Dr. Douglas Fernando

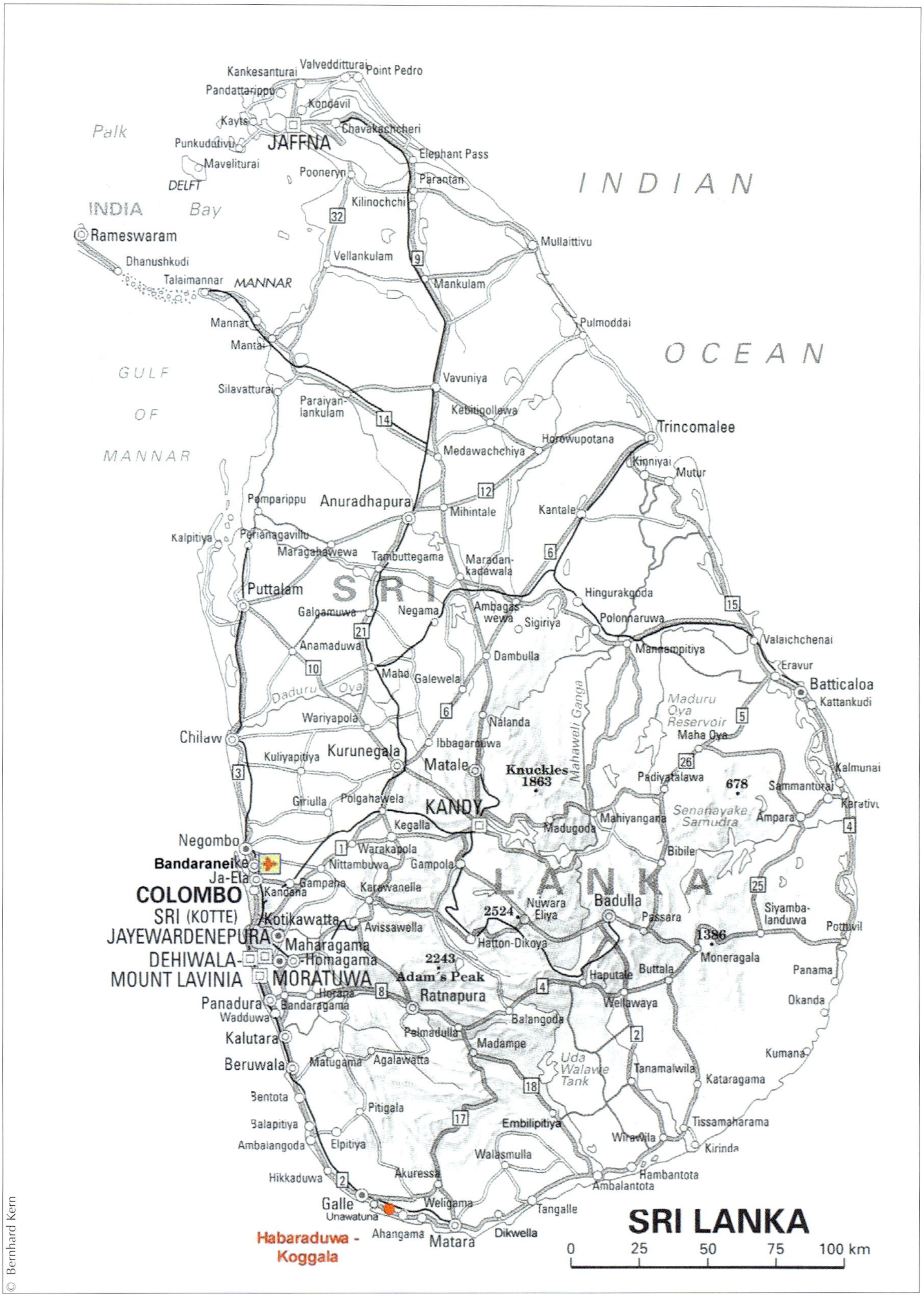
SRI LANKA
Kankesanturai
Valvedditturai
Point Pedro
Pandattarippu
Kondavil
Kayts
JAFFNA
Chavakachcheri
Palk
Punkudutivu
Mavelitural
Elephant Pass
DELFT
Pooneryn
Parantan
INDIAN
INDIA
Bay
Kilinochchi
Rameswaram
Dhanushkodi
Vellankulam
Mullaittivu
Talaimannar
MANNAR
Mankulam
Mannar
Pulmoddai
Mantai
OCEAN
GULF
OF
MANNAR
Silavatturai
Vavuniya
Paraiyan-lankulam
Kebitigollewa
Trincomalee
Horowupotana
Medawachchiya
Kinniyai
Mutur
Pomparippu
Anuradhapura
Mihintale
Kantale
Kalpitiya
Perianagavillu
Maragahawewa
Tambuttegama
Maradan-kadawala
Puttalam
SRI
Hingurakgoda
Galgamuwa
Negama
Ambagas-wewa
Sigiriya
Polonnaruwa
Valaichchenai
Anamaduwa
Dambulla
Manampitiya
Eravur
Maho
Galewela
Batticaloa
Daduru Oya
Kattankudi
Maduru Oya Reservoir
Wariyapola
Nalanda
Mahaweli Ganga
Maha Oya
Chilaw
Ibbagamuwa
Kuliyapitiya
Kurunegala
Matale
Kalmunai
Knuckles 1863
Padiyatalawa
678
Sammanturai
Giriulla
Polgahawela
KANDY
Karativu
Senanayake Samudra
Ampara
Negombo
Kegalla
Madugoda
Mahiyangana
Warakapola
Bandaraneike
Nittambuwa
Gampola
Bibile
Ja-Ela
Gampaha
LANKA
Kandana
Karawanella
COLOMBO
Badulla
SRI (KOTTE)
2524
Nuwara Eliya
Passara
Siyamba-landuwa
Kotikawatta
Avissawella
JAYEWARDENEPURA
Maharagama
Hatton-Dikoya
1386
Pottuvil
DEHIWALA-
Homagama
2243
Moneragala
MOUNT LAVINIA
MORATUWA
Adam's Peak
Haputale
Buttala
Panama
Horana
Ratnapura
Panadura
Bandaragama
Wellawaya
Okanda
Wadduwa
Balangoda
Kalutara
Palmadulla
Madampe
Uda Walawe Tank
Kumana
Beruwala
Matugama
Agalawatta
Tanamalwila
Kataragama
Bentota
Pitigala
Balapitiya
Embilipitiya
Tissamaharama
Ambalangoda
Elpitiya
Wirawila
Kirinda
Walasmulla
Hambantota
Hikkaduwa
Akuressa
Ambalantota
Galle
Weligama
Tangalle
Unawatuna
Ahangama
Dikwella
Matara
Habaraduwa - Koggala
0
25
50
75
100 km
© Bernhard Kern

Auszüge aus der Rede von Bundespräsident Horst Köhler anlässlich des Staatsaktes zum Gedenken an die Opfer der Flutkatastrophe an den Küsten des Indischen Ozeans im Deutschen Bundestag 20. Januar 2005, in Berlin

In den vergangenen Wochen sind wir alle Zeugen einer furchtbaren Katastrophe geworden. Auch wenn sie sich weit entfernt von Deutschland abgespielt hat – sie hat uns alle tief getroffen. Unter den wohl mehr als 200 000 Opfern sind auch Deutsche. Aller Opfer wollen wir heute gedenken.

Nach einem Seebeben, das für niemanden zu sehen war, ist am zweiten Weihnachtstag eine riesige Welle mit der Geschwindigkeit eines Flugzeuges über den Indischen Ozean hinweggerast und hat ihre Kraft an vielen Küsten Asiens und Afrika entladen. Zunächst war das ganze Ausmaß der Katastrophe für uns gar nicht abzusehen. Entsetzt haben wir dann Tag für Tag die steigenden Opferzahlen verfolgt. Aber es geht in Wirklichkeit nicht um Zahlen, es geht um die vielen einzelnen Schicksale, die hinter diesen Zahlen stehen. Mit jedem Tod wird ein Leben ausgelöscht, das einzigartig ist.

Die Flut hat abertausende Bindungen zwischen Menschen zerrissen. Mütter und Väter suchten verzweifelt ihre Kinder, die eben noch draußen herumtollten. Frauen und Männer liefen durch den Schutt und Schlamm, versuchten ihren Partner zu finden. Kinder standen apathisch zwischen Bergen von Leichen. Ob Einheimischer oder Tourist, ob reich oder arm, ob Kind oder Greis – vor niemandem hat die zerstörerische Kraft des Wassers Halt gemacht.

Wir gedenken heute unserer toten Landsleute. Und wir trauern auch um die vielen, vielen Toten aus Indonesien und Sri Lanka, aus Indien, Thailand und aus den anderen Ländern rund um den Indischen Ozean. Jeder Tote hinterlässt Verwandte und Freunde, die um ihn trauern. (...)

Die Männer und Frauen der Hilfswerke, der Bundeswehr und des Bundeskriminalamtes leisten Unglaubliches: Die Versorgung mit Wasser und Lebensmitteln funktioniert in den meisten Gebieten wieder, die meisten Toten sind geborgen, medizinische Versorgung erreicht die Verletzten und Kranken und die Seuchengefahr ist eingedämmt worden. Ich danke den Helfern in unser aller Namen. (...)

Das große Maß an Hilfe ist nur möglich, weil so viele Menschen, gerade auch in Deutschland, den Einsatz unterstützen. Der Spendeneingang und der Einsatz der deutschen Helfer zeugen von echter Hilfsbereitschaft. Wenn es darauf ankommt, helfen die Menschen in Deutschland.

Gerade die Flut ist ein Urbild für plötzliches und alles zerstörendes Unheil. Sie kommt in den Erzählungen und Mythen aller Kulturen vor. Diese alten Mythen und die Katastrophe, die wir gerade am Indischen Ozean erlebt haben, zeigen uns: Die Natur, unsere Erde ist kein Garten Eden. Auch die Traumstrände sind kein immerwährendes Paradies. Das blaue Wasser des Indischen Ozeans erschien gerade vielen Touristen als ein friedliches Element. Als Bewohner eines modernen Industriestaates wiegten sie sich in der Sicherheit des technischen Fortschritts. Noch als die Welle auf sie zustürmte, blieben einige stehen, filmten und fotografierten, ohne die Gefahr zu erkennen.

Hätten sie rechtzeitig gewarnt werden können, ja sogar müssen? Diese Frage stellt sich unweigerlich. Mit einem Frühwarnsystem hätte es wohl weniger Tote gegeben. Zugleich aber gilt: Wir können nicht alle Gefahren ausschließen. Wir bilden nur einen Teil der empfindlichen Schöpfung. Auch in Zukunft wird die Erde beben, Flüsse werden über die Ufer treten und Tsunamis Küsten und Inseln überfluten. Auch Umweltschäden, die wir selbst verursachen, werden sich rächen. Wenn wir unsere eigene Endlichkeit und Begrenztheit erkennen, werden wir auch aufmerksam für den anderen in seiner Not und seiner Hilfsbedürftigkeit.

Die verheerende Zerstörungskraft der Wassermassen hat überall auf der Welt in den Menschen Zuwendung und Mitgefühl erweckt. Wir haben mit der Flutkatastrophe in Südostasien begriffen:

Wir alle gehören zusammen, wir leben in einer Welt. (...)

Die auszugsweise Rede des Herrn Bundespräsidenten Prof. Dr. Horst Köhler wurde uns mit freundlicher Genehmigung der Pressestelle des Bundespräsidialamtes zur Verfügung gestellt. Herzlichen Dank!

Mit einem Staatsakt im Reichstagsgebäude gedenken Repräsentanten der Verfassungsorgane des Bundes, Mitglieder der Bundesregierung sowie Regierungschefs der Länder und die Abgeordneten des Deutschen Bundestages der Opfer der Flutkatastrophe in Südasien (v. l.: Bundespräsident Horst Köhler; Makmur Widodo, Botschafter Indonesiens; Bundeskanzler Gerhard Schröder; Jayantha Palipane, Botschafter von Sri Lanka).

Tsunami buchstabieren

T - s - u - n - a - m - i

Tsunami – japanisch: Hafenwelle – wurde über Nacht weltweit zum Inbegriff für unermessliches Leid. Die gewaltige Flutwelle überrollt mit unvorstellbarer Wucht die südostasiatischen Küsten von Sumatra/Indonesien, Malaysia, Thailand, Birma, Indien und Sri Lanka. Weite Teile der Küstenregionen sind völlig zerstört. Mehr als 250 000 Menschen finden den Tod. Millionen Kinder, Frauen und Männer sind direkt oder indirekt betroffen, verlieren Angehörige und Freunde, sind obdachlos und haben keine Verdienstmöglichkeiten mehr. Die Zahl der Vermissten muss von der offiziellen Statistik ständig nach oben korrigiert werden. Sogar das entfernte ostafrikanische Somalia bleibt nicht verschont.

Tragödien dieser Art ereigneten sich in der Vergangenheit immer wieder. Und doch gibt es einen bemerkenswerten Unterschied. Hatten früher solche Katastrophen überwiegend regionale Bedeutung, so betrifft und bewegt heute, im 21. Jahrhundert, die Tragödie vom 26. Dezember 2004 das Leben aller Menschen. Die schrecklichen Bilder aus den Katastrophengebieten werden bis in den letzten Winkel unserer Erde übertragen. Wir alle müssen erkennen, dass die Macht der Natur alle menschlichen Fähigkeiten und Errungenschaften übertrifft. Wir müssen lernen, mit der Natur zu leben, und wir müssen lernen, dass es keinen Sinn ergibt, uns durch unser eigenes Handeln weiteren Schaden zuzufügen.

Sri Lanka ist meine Heimat. Hier bin ich geboren und aufgewachsen, lebe aber seit Jahrzehnten in der westlichen Welt. So kenne ich nicht nur das jetzige Notstandsgebiet, sondern auch das Leben in der westlichen Welt. Die Tragödie vom Dezember habe ich mit meiner Familie, mit meinen Verwandten und Freunden erlebt. Durch diese Erfahrung bin ich in meinem Innersten getroffen – mein Leben ist in Bewegung geraten. So fühle ich mich aufgerufen, darauf hinzuwirken, dass die betroffenen Menschen nicht nur Hilfe erhalten, um mit ihrem Schicksal nicht allein zu bleiben, sondern Änderungen auf den Weg zu bringen: in Sri Lanka und den anderen betroffenen Regionen.

Umbruch im politischen Denken ist im Angesicht der Katastrophe jetzt möglich. Arme und Reiche, Menschen aller Ethnien und Religionen sind gleichermaßen betroffen. Religiöse, traditionelle und politische Differenzen treten weitgehend in den Hintergrund. Nur für kurze Zeit bietet sich daher heute die einmalige Chance, neben dem notwendigen Wiederaufbau die alten Strukturen im politischen Denken aufzubrechen und positive Veränderungen auf den Weg zu bringen. Die Überlebenden haben mehr denn je ein Recht auf wirtschaftliche Strukturen und Verhältnisse, die allen ein menschenwürdiges Leben sichern.

Naturkatastrophen sind weder vermeidbar noch vorhersehbar. Diese Erkenntnis ist nicht neu. Dennoch hat die Politik in den betroffenen Staaten Südostasiens die wissenschaftlich-technischen Möglichkeiten eines Frühwarnsystems und eines funktionierenden Katastrophenschutzes bisher nicht genutzt. Die Folgen für die vom Tsunami heimgesuchten Küsten sind verheerend. Es muss jetzt rasch damit begonnen werden, ein solches Frühwarnsystem zu installieren und einen wirksamen Katastrophenschutz aufzubauen. Dies ist die gemeinsame Aufgabe aller Politiker. Regionale Konflikte treten derzeit noch in den Hintergrund. Sie auf Dauer zu überwinden ist Voraussetzung für eine weltweite Zusammenarbeit.

Armut und Angst versperren den Blick in die Zukunft. Die Katastrophe hat gezeigt, dass die Menschen in kürzester Zeit alles verlieren können. Es wird jetzt begonnen, mit der angelaufenen internationalen Hilfe die aktuelle Not zu überwinden. Das Leben nach der Katastrophe muss aber neben der materiell-wirtschaftlichen Förderung der betroffenen Menschen auch zu einer geistigen Neuorientierung führen. Alte Missverständnisse müssen beseitigt, der Bürgerkrieg zwischen Singhalesen und Tamilen muss beendet werden, um eine friedlich-harmonische Zukunft in Sri Lanka zu gestalten.

Mut zu Veränderungen setzt neue Energie in der Gesellschaft frei. Es gilt, eine Brücke zu finden zwischen asiatischen Traditionen und westlichen Wertvorstellungen. Es gilt, auf der Grundlage der religiösen Wurzeln der Menschen neue Antworten zu finden, das religiös-philosophische Denken durch intensive Auseinandersetzung mit der Natur neu zu interpretieren und aus dieser Interpretation gesellschaftliche Veränderungen zu bewirken.

Initiative, politisch und gesellschaftlich, ist der Anstoß zu neuen Entwicklungen zum Wohl der Menschen. Die Medien haben die Menschen in aller Welt nach der Flutkatastrophe in Bewegung gebracht. Das Buch ist ein Appell an die Regierenden, die Zeichen der Zeit zu erkennen. So mögen seine Bilder und Texte dem Leser das Herz klopfen lassen anlässlich von Trauer und Schmerz. Die humanitären Initiativen von Außen dürfen nicht nur kurzfristige Nothilfe sein. Die internationale Hilfe muss auf Dauer vor allem durch Solidarität im Land getragen sein, um allen, Habenden und Nicht-Habenden, eine glücklichere Zukunft zu sichern.

Satellitenbild von der Halbinsel Banda Aceh vor und nach der Tsunami-Katastrophe.

Sri Lanka nach der Naturkatastrophe – Chance in der Tragödie

Die Katastrophe

Am 26. Dezember 2004 löst ein gewaltiges Seebeben etwa 1500 Kilometer südöstlich von Sri Lanka entfernt eine gigantische Flutwelle aus. Der Tsunami trifft mit unvorstellbarer Wucht auf die Küsten von Birma, Indien, Indonesien, Malaysia, Thailand und Sri Lanka – bis Ostafrika sind die Flutwellen zu spüren.

Die betroffenen Küstenregionen werden völlig verwüstet. Mehr als eine Viertelmillion Menschen sterben, darunter zahlreiche Touristen. Die vielen Verletzten können auch mit der sofort einsetzenden internationalen Hilfe nur notdürftig versorgt werden.

Erst nach Tagen wird das ganze Ausmaß der Katastrophe langsam sichtbar. Die Trümmer entlang der verwüsteten Küste lassen ahnen, wie die Menschen nicht nur zum Zeitpunkt der Flut, sondern vor allem in den ersten Tagen nach der Tragödie litten: Tote, Verletzte, verängstigte Kinder, Frauen und Männer irren hilflos umher auf der Suche nach Angehörigen – obdachlos, scheinbar ohne Zukunft. Da wirkt die beispiellose internationale Hilfe nur wie ein Tropfen auf dem heißen Stein.

Wie aber kam es zu dieser verheerenden Naturkatastrophe? Warum konnten sich nicht wenigstens die Menschen in Sicherheit bringen? Wo liegen die Ursachen für die gewaltigen Zerstörungen durch den Tsunami? Wie entsteht ein Tsunami?

Katastrophen wie die vom 26. Dezember sind seit Jahrhunderten bekannt.

Die Entstehung eines Tsunami

Die Erdkruste ist die äußere, nur wenige Kilometer dicke Schicht des Erdballs. Sie setzt sich aus zahlreichen Platten zusammen, die über zähflüssiger, glühendheißer Masse schwimmen und sich ständig gegeneinander verschieben. Unter den Kontinenten ist die Erdkruste bis zu 70 km dick, während sie unter den Ozeanen teilweise nur eine Stärke von zehn Kilometern erreicht. Insbesondere am mittelatlantischen Rücken zwischen Europa und Amerika werden ständig neue Lavamassen aus dem Erdinneren herausgepresst und erstarren. Während im Atlantik neues Gestein entsteht, sinkt vor allem im Pazifik der Meeresboden ständig ab. Die Erdplatten befinden sich damit in permanenter Bewegung.

Bilder auf den folgenden Seiten:
Portugal, 1755 – ein Erdbeben mit Tsunami zerstört die Stadt Lissabon; 60 000 Tote.

1908 suchte ein Erdbeben mit Tsunami Messina in Italien heim; 100 000 Tote.

Fotos: akg-images

Vorstellung und Beschreibung des ganz erschröck

Residenz-Stadt Lissabon samt dem gröste

hen Erdbebens, wodurch die Königl. Portugiesische
Theil der Einwohnern zu grunde gegangen

So schieben sich kontinuierlich die indische und die australische Erdplatte unter die eurasische Platte. Diese Bewegung verursacht Spannungen, die sich durch das Verhaken der Platten über lange Zeiträume aufbauen. Durch ruckartigen Spannungsabbau im Grenzbereich der tektonischen Plattensysteme hebt und senkt sich der Meeresboden. Dadurch entsteht eine sogenannte Primärwellenbewegung der Erdkruste.

Die vom Epizentrum ausgehenden Primärwellen breiten sich mit einer Geschwindigkeit von fast 1000 Kilometer pro Stunde nahezu ungehindert aus. Durch das Heben und Senken des Meeresbodens werden an der Wasseroberfläche bis zu 60 Meter hohe Sekundärwellen aufgebaut. Die Wellentäler dieser gefährlichen Sekundärwellen können mehrere Kilometer lang und Hunderte von Kilometern breit sein. Mit unvorstellbar großer Energie brechen diese Wellen in die Küstenregionen ein und reißen alles mit sich.

Augenzeugen vom 26. Dezember 2004 berichten, dass sich das Meer zunächst kilometerweit zurückzog, um anschließend als riesige Wellenfront, die alles vernichtet, was sich ihr in den Weg stellt, zurückzukehren und über die Küste zu rollen. Erst kilometerweit im Landesinneren ist die Bewegungsenergie verbraucht und damit die zerstörerische Kraft versiegt. Die zurückbleibenden Überschwemmungen sind für die Bevölkerung ein zusätzliches Desaster.

Ursache der Katastrophe – Deutungsversuche der Betroffenen

Solche Naturkatastrophen werden von der betroffenen Bevölkerung auf unterschiedlichste Weise gedeutet und interpretiert. Dabei unterscheiden sich die Deutungsversuche der asiatischen Welt erheblich von der Erklärung der westlichen Welt, wo die Flutwelle nichts anderes als Folge eines Erd- oder Seebebens ist.

Ganz anders die Interpretationen der asiatischen Welt, etwa beim Theravada-Buddhismus in Sri Lanka, Thailand und Birma, beim Hinduismus in Indien und beim Islam in Indonesien und Malaysia. Allen diesen Glaubensrichtungen liegt die Vorstellung einer Beseeltheit der Natur zugrunde. Somit ist die Katastrophe Folge eines Fehlverhaltens der Menschen, die durch ihr Tun einen Geist oder Dämon im Meer oder am Meeresboden erzürnt haben. Leben und Leiden sind eng miteinander verbunden. Leiden wird als unvermeidliches Schicksal betrachtet. Leiden kann allenfalls durch gute Taten und das Ansammeln von positivem Karman bekämpft werden. Im Islam spielt darüber hinaus auch eine große Opferbereitschaft eine Rolle. Das Schicksal ist nicht nur unabwendbar, sondern gleichermaßen als oberster Wille Gottes anzunehmen. Letztlich ist für Buddhismus und Hinduismus der Tod nicht endgültig, sondern nur eine Durchgangssituation.

Nach Aufzeichnungen buddhistischer Mönche zu Beginn des sechsten Jahrhunderts n. Chr. (mahavamsa Kap. XXII) begab es sich während der Regentschaft von König Kalyani Tissa, dass dessen jüngerer Bruder Ayya-Uttika ein Verhältnis mit der Frau des Königs hatte.

Aus Angst vor dem Zorn des Königs flüchtet Ayya-Uttika, um an einem anderen Ort zu leben. Doch dann schickt er einen Boten mit einem geheimen Brief zur Königin. Diesem gelingt es, als Mönch verkleidet im Gefolge eines Arahat (= ein von allen Unreinheiten sowie der Wiedergeburt befreiter, heiliger Mönch), Zutritt zum Palast zu bekommen.

Als er den Brief an die Königin übergibt, wird dies vom König bemerkt. König Kalyani Tissa ist so erzürnt, dass er seine Gäste hinrichten lässt. Mönch und Bote werden erschlagen und ins Meer geworfen.

Die Götter erzürnen angesichts des schrecklichen Schicksals des schuldlosen Mönchs. Insbesondere der Gott des Meeres ist erbost und schickt eine riesige Flutwelle, welche die Küsten Sri Lankas überflutet. Viele Menschen ertrinken in den Fluten. Schließlich ruft der König Kalyani Tissa seine Berater. Diese deuten die Flut als eine Strafe des Gottes der Meere und raten dem König, ein Opfer zu bringen, um den Gott wieder milde zu stimmen und weitere Menschenleben zu verschonen.

Der König entschließt sich, sein Liebstes zu opfern und schickt seine Tochter Devi in einem mit Gold reich geschmückten Boot und der Aufschrift »Tochter des Königs« als Opfergabe aufs Meer. Doch das Boot landet wieder an der Küste Sri Lankas im Königreich Kakavanna Tissas. Kakavanna Tissa nimmt Prinzessin Devi zur Frau. Er ist ein tiefgläubiger buddhistischer König, der während seiner Herrschaft 64 Tempel baut. Aus der Ehe entspringen zwei Kinder. Eines davon ist Dutugemunu, einer der bedeutendsten Könige in der Geschichte Sri Lankas.

Angesichts der Flutkatastrophe entschließt sich der König Kalayani Tissa, sein Liebstes zu opfern und schickt seine Tochter Devi in einem Boot als Opfergabe aufs Meer. Wandmalerei von Soliyas Mendes (1897–1975) im Bilderhaus in Kelaniya im Kloster Rajamahavihara.

Die Auswirkungen des Tsunami vom 26. Dezember 2004

Das Ausmaß der Verwüstung durch den Tsunami können die Bilder aus den heimgesuchten Gebieten nicht einmal annähernd dokumentieren. Diese Fotos zeigen nicht das Leid der betroffenen Menschen, die alles verloren haben und keine Perspektiven für die Zukunft zu haben scheinen. Ganze Familien sind ausgelöscht.

Die Überlebenden sind traumatisiert, psychisch angegriffen, und manche werden zeitlebens unter den Eindrücken und Erlebnissen der Katastrophe leiden. Kinder haben ihre Eltern und Geschwister verloren, ihnen fehlt die Geborgenheit des eigenen Zuhauses, sie leben mit Albträumen und der Furcht vor einer neuen Flut.

Für die betroffenen Menschen ist es unmöglich, mit dieser Katastrophe allein fertig zu werden, mit einer Katastrophe, die viele von ihnen noch nicht einmal verstehen.

Auch wirtschaftlich sind die Folgen des Desasters verheerend. Die Lebensgrundlage der Menschen in den betroffenen Küstenregionen ist zerstört. Es fehlt am Nötigsten für ein menschenwürdiges, selbständiges Leben. Ein zentraler Wirtschaftsfaktor der Küstenregionen ist der Tourismus. Er ist auf Jahre zerstört und damit die Möglichkeit für die Menschen, Geld zum Überleben zu verdienen.

Die Katastrophe vom Dezember 2004 trifft alle Menschen gleich, die Wohlhabenden und die Armen, die Gebildeten und die Ungebildeten, gleich welcher Religion.

Es gibt Beispiele für gegenseitige Hilfe und Überwindung von gesellschaftlichen, ethnischen und religiösen Schranken, die vor der Katastrophe noch undenkbar waren. Durch diese Hilfe kann der Verlust, den jeder erlitten hat, überwunden werden. Jeder kann etwas für seinen Nächsten tun. Verantwortliches und kollegiales Handeln ist jetzt zwingend erforderlich.

Ein Beispiel: *Eine gutbürgerliche Familie wohnt in einem Haus. Die Nachbarn sind arme Leute in einer kleinen Hütte. Die Welle hat beide getroffen. Alle haben Hab und Gut verloren. Das stabil gebaute Haus der wohlhabenden Familie steht noch, während die leichte Hütte der armen Familie völlig zerstört wurde. Doch nun hat die wohlhabende Familie die armen Nachbarn in ihr Haus eingeladen, um gemeinsam im Obergeschoss zu wohnen.*

Kirchen und Tempel sind überfüllt und bieten Unterkunft für Obdachlose. Alle leben, essen, schlafen in derselben Kirche oder im selben Tempel. Es gibt keine Unterschiede, keine Kasten und Klassen. Die Menschen rücken in der Not zusammen.

Die Katastrophe sollte als Aufruf an die Menschen verstanden werden, ohne Unterschied von Herkunft, Religion und Sprache einen neuen Anfang zu machen – einen

Anfang, der die ganze Nation, nicht nur die von der Katastrophe betroffenen Gebiete umfasst und der allen Menschen eine Perspektive gibt, auf die viele schon lange warten. Es wäre tragisch, wenn diese Chance vertan würde.

Es ist an der Zeit, die Fehler der Vergangenheit zu korrigieren, zusammenzurücken, zu teilen und den Nächsten zu achten. Es ist aber auch an der Zeit, universelles Denken in die Praxis umzusetzen, denn allein dieses Denken kann alle Menschen des Landes wirtschaftlich weiterbringen.

Über Jahrhunderte lebte die Bevölkerung friedlich zusammen. Es war eine Geschichte der Könige und Dynastien bis zur Kolonialzeit. Dann begann der Einfluss fremder Kulturen. Nach der Unabhängigkeit des früheren Ceylon erlebte die Region einen permanenten Wechsel der Regierungen, von denen keine ein langfristiges Konzept entwickelte. Es waren stets Konzepte für wenige Jahre. Sie dienten dem Machterhalt, nicht den Menschen.

Politiker sollten diesen Missstand erkennen und die Fehler der Vergangenheit korrigieren. Sie sollten aufhören, ihre Macht durch Unterstreichen der Unterschiede zu untermauern. Die Katastrophe ist ein geeigneter Anlass für die erforderlichen gesellschaftlichen Veränderungen der ganzen Nation; morgen kann schon alles verloren sein.

Alles hat seine Stunde. Für jedes Geschehen unter dem Himmel gibt es eine bestimmte Zeit:

eine Zeit zum Gebären
und eine Zeit zum Sterben,
eine Zeit zum Pflanzen
und eine Zeit zum Abernten der Pflanzen,
eine Zeit zum Töten
und eine Zeit zum Heilen,
eine Zeit zum Niederreißen
und eine Zeit zum Bauen,
eine Zeit zum Weinen
und eine Zeit für die Klage
und eine Zeit für den Tanz;
eine Zeit zum Steinewerfen
und eine Zeit zum Steinesammeln,
eine Zeit zum Umarmen
und eine Zeit die Umarmung zu lösen,
eine Zeit zum Suchen
und eine Zeit zum Verlieren,
eine Zeit zum Behalten
und eine Zeit zum Wegwerfen,
eine Zeit zum Zerreißen
und eine Zeit zum Zusammennähen,
eine Zeit zum Schweigen
und eine Zeit zum Reden,
eine Zeit zum Lieben
und eine Zeit zum Hassen,
eine Zeit für den Krieg
und eine Zeit für den Frieden.

Kohelet 3,1–8

BILDER DER VERWÜSTUNG

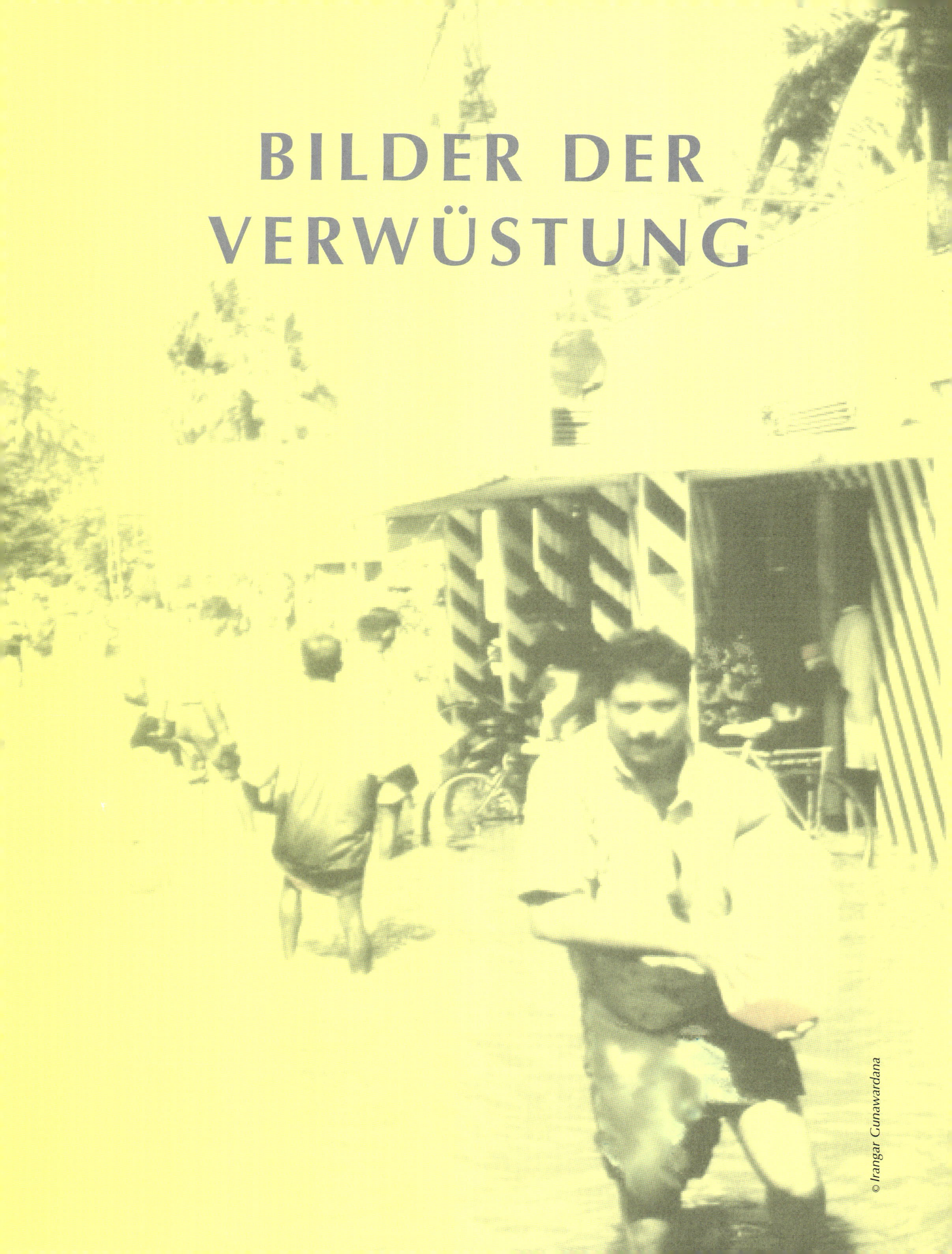

© Irangar Gunawardana

Das Meer zieht sich um einige hundert Meter zurück – die Menschen sind fasziniert von diesem unbekannten Naturereignis. Niemand erkennt die Zeichen des sich ankündigenden Tsunami. Die Menschen folgen dem sich zurückziehenden Meer, suchen nach Muscheln oder gehen einfach nur spazieren an diesem Morgen des 26. Dezember, des Zweiten Weihnachtsfeiertags. Viele dieser Menschen werden es nicht schaffen, sich vor der nahenden Flutwelle rechtzeitig in Sicherheit zu bringen.

© Irangar Gunawardana

© Irangar Gunawardana

Tsunami

© Iranga Gunawardana

Tragik – aus Unkenntnis gehen Menschen weit hinaus …

© Iranga Gunawardana

… auf das sich zurückziehende Meer …

© Iranga Gunawardana

… der sich ankündigende Tsunami wird nicht erkannt.

Tsunami

Sintflutartige
Wassermassen …

© Iranga Gunawardana

… überfluten die
Städte entlang der
Küste, …

© Iranga Gunawardana

…reißen alles
mit, was sich
ihnen in den
Weg stellt.

© Iranga Gunawardana

Tsunami

Unfaßbare Bilder, nachdem sich das Wasser zurückzieht; …

… Tod und Verwüstung
zunächst wird nach Üb
lebenden gesucht …,

… Leichen werden geborgen.

Tsunami

Naturkatastrophe von bisher ungekanntem Ausmaß …

… Schlamm-massen, zerstörte Häuser …

… teilweise nichts als die Bodenplatte erhalten.

Autowracks …

… zerstörte Straßen …,

…und Bahnlinien zwischen Panadura und Galle, hier in Telwatte.

Tsunami

Menschen versuchen ihr Hab und Gut…

… und ihr Überleben …

… nach der Katastrophe zu sichern.

Tsunami

Internationale Hilfe setzt ein …

© Iranga Gunawardana

… Aufräumarbeiten mit schwerem Gerät beginnen …,

© Iranga Gunawardana

… es werden Notunterkünfte eingerichtet.

© Iranga Gunawardana

Freude beim festlichen Essen …

…Trauer und Schmerz bei einer Beerdigung. Tragische Kontraste auf Sri Lanka.

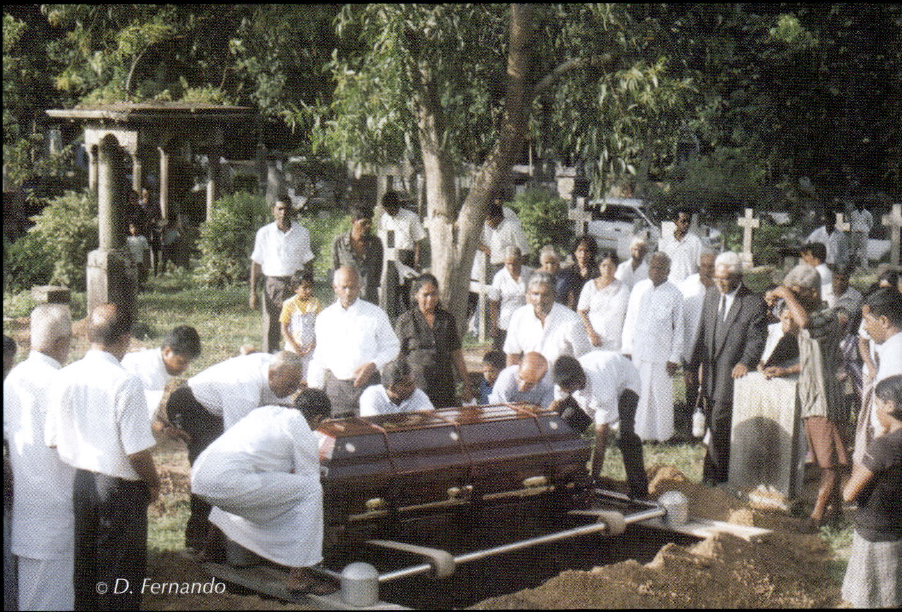

අනාථ
කඳවුර
© Iranga Gunawardana

© Iranga Gunawardana

© Iranga Gunawardana

Kirchen und Tempelanlagen, Heiligenstatuen und Schreine sind stehengeblieben. War die Flut doch ein Zeichen Gottes?

Hunderte von Menschen sterben im vollbesetzten Zug …

… der von der Flutwelle erfasst wird.

Das Stadion von Galle wurde völlig zerstört …

… wie viele andere Gebäude in Küstennähe, die von den Wassermassen weggerissen wurden.

© D. Fernando

Nach der Flut – die Menschen stehen schockiert und hilflos zwischen den Trümmern …

© D. Fernando

… Baumaterialien für den Neuanfang werden gesichert …

Selbst wenn die Außenwände noch stehen, ist das Innere des Hauses von den Schlammassen völlig ruiniert.

Sorge um die Zukunft angesichts des Ausmaßes der Verwüstung: Paiyagala, Bahnhof (oben), Pfarrkirche (unten).

Kirche, Schule und Kindergarten liegen nur 200 Meter vom Strand entfernt. Schule und Kindergarten werden von den Ordensschwestern »Vom guten Hirten« betreut.

Schule und Kindergarten wurden völlig zerstört …

… das Spielzeug der Kinder wird eingesammelt und am Brunnen gewaschen.

Zerstörte Wohnhäuser zweier Schwestern in Paiyagala. Die Schwestern haben bereits vor vielen Jahren im Alter von 15 und 16 Jahren ihre Eltern verloren. Der ältere Bruder sorgt für die Schwestern, bis sie heiraten. Sie bauen sich ihr Leben auf, ihre Häuser stehen nebeneinander. Jetzt hat der Tsunami alles zerstört. Sie müssen noch einmal von vorn anfangen.

Gespräche mit Überlebenden…

… viele brauchen einfach jemanden zum Zuhören

… hier sind Seelsorger gefragt.

© D. Fernando

Tröstende Worte …

© Nadeesh Wickramage

… inmitten der Trümmer – Blick in die Zukunft …

… plakative Sprüche sollen Schulkinder motivieren.

Hilfe durch christliche Religionsgemeinschaften.

Notunterkünfte in Zelten in Maggona, im Klostergarten St. Vincent.

Schule geht weiter.

Sie verteilen Lebensmittel und Kleidung an die obdachlos Gewordenen.

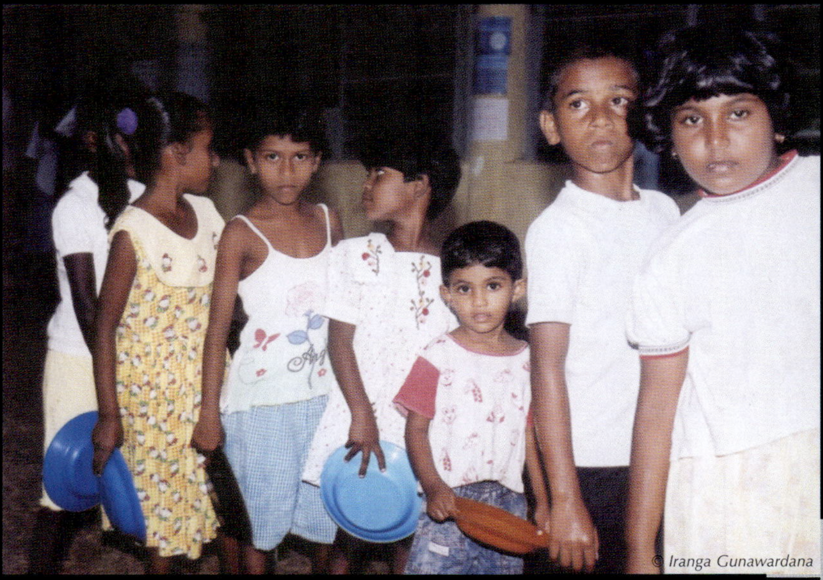

Bücher und Papiere werden getrocknet.

Schulbeginn am 10. Januar 2005.

Die Zelte werden von der japanischen Regierung zur Verfügung gestellt

Menschen bringen Lebensmittel in buddistische Tempel.

Das Militär sorgt für allgemeine Sicherheit und schützt vor Plünderungen. Militär schützt Lagerräume im Kloster St. Vincent.

Soldaten erledigen einen Großteil der Aufräumarbeiten.

SRI LANKA
GESTERN – HEUTE – MORGEN

DIE RELIGIONEN SRI LANKAS

Die fünf großen Weltreligionen und viele andere religiöse Traditionen haben ihren Ursprung in Asien. Auf diesem Kontinent spürt man bis heute, dass die Religionen das tägliche Leben der Menschen, ihre sozialen Denk- und Verhaltensweisen bestimmen. Betrachtet man die Entwicklung von Kultur, Politik und Wirtschaft Sri Lankas sowie der anderen asiatischen Länder, wird deutlich, dass ohne entsprechende Grundkenntnisse der Religionen die Geschichte, aber auch die Mentalität der Menschen nicht richtig verstanden werden können.

Aus diesem Grund sollen die nächsten Seiten einen kurzen Überblick der vier Hauptreligionen in Sri Lanka vermitteln, wobei der Theravada-Buddhismus den größten Einfluss bis heute hat. Die Religionen sind nicht nur untrennbarer Bestandteil der Geschichte und Kultur; sie sind für die Menschen die Quellen, aus denen sie Hoffnung, Kraft und Mut schöpfen, um ein neues Leben nach dem Tsunami in Frieden, Toleranz und Gerechtigkeit aufzubauen.

© Bernhard Kern

Hinduistischer Tempel in Anuradhapura.

Nächste Seite: Hinduistischer Tempel in Gujarat.

Die Entwicklung philosophischer Gedanken

Die hinduistische und buddhistische Glaubensgeschichte beginnt in Indien.

Die indische Philosophie und ihre Philosophen sind sehr religiös. Philosophie und Religion können nicht voneinander getrennt werden, weil sie in wechselseitiger Beziehung stehen. Indische Philosophie lehrt Lebenswege und -anschauungen und trennt dabei niemals die Theorie von der Praxis. Sie ist eine große Quelle für andere Fachgebiete, die nach Anregungen und Unterstützung suchen. Die westliche Philosophie ist im Gegensatz dazu eine rein intellektuelle Suche nach der Wahrheit. Sie ist aus diesem Grund von der Religion unabhängig und bemüht sich, rationale Erklärungen über das Universum als Gesamtheit abzugeben.

Zwei Systeme der indischen Philosophie

Die gesamte indische Philosophie läßt sich einfacher verstehen, wenn man sie in zwei Systeme oder Schulen teilt: man spricht vom *astika* und *nastika*-System. Das *astika*-System (=orthodoxes System) ist der Hinduismus und seine sechs philosophischen Schulen (*darsanas* – Lehrmeinungen – *Nyaya, Vaisesika, Samkhya, Yoga, Mimamsa, Vedanta*). Das *nastika*-System umfaßt die heterodoxen Schulen des Denkens, welche die Veden weder als Offenbarungsschriften noch als unfehlbar

betrachten. Hierzu gehören Buddhismus, Jainismus und die Schule der Carvakas.

Was ist Hinduismus?

Hinduismus, der in den Anfängen der indischen Religionsgeschichte als Brahmanismus bekannt war, ist nicht einfach zu definieren. Der Begriff »Hinduismus« wurde von europäischen Gelehrten entwickelt, um die Religion in Indien zu benennen, und ist als solcher nicht älter als 200 Jahre. Das Wort leitet sich ab vom großen Fluß *Indus*, der in der persischen Sprache »Hindus« heißt. Auch die Menschen, die an diesem Fluß lebten, wurden »Hindus« (Inder) genannt. Somit ist Hinduismus die zum Völkernamen »Inder« gehörige »ismus«-Form zur Bezeichnung der Religion dieses Volks. Die Hindus bezeichnen ihre Religion selber als *sanatana dharma* – die ewige Religion.

Situation vor Ankunft der Arier

Es gibt ausreichend archäologische Beweise (wie zum Beispiel die Entdeckung der antiken Städte Harappa und Mohenjodaro), die belegen, dass bereits vor der Ankunft der Arier in Indien eine hoch entwickelte Zivilisation existierte. Diese vorarische Bevölkerung wird Industal-Zivilisation genannt. Leider gibt es keine schriftlichen Überlieferungen von den Völkern des Industals.

Die Ankunft der Arier in Indien

Vermutlich sind die Arier zwischen 2000 bis 1500 v. Chr. vom Nordwesten Indiens her eingewandert. Sie ließen sich in den von ihnen eroberten Städten nieder, wobei sie diese weiterentwickelten, jedoch die Kultur der Ureinwohner zerstörten. Rigvedische Hymnen beschreiben dieses Desaster durch die Arier, welches mehrere Jahrhunderte andauerte.

Hindustische Tempelanlage. Anuradhapura.

Was sind die Veden?

Die Veden sind das einzige schriftliche Zeugnis, das uns Auskunft über die Kultur, Religion und Zivilisation der Indo-Arier gibt. Diese eine Überlieferung ist alles, was sie über ihre gesamte Zeit hinterließen. Es ist gleichzeitig die einzige Quelle über den Beginn der indischen Geschichte, was die einzigartige historische Bedeutung dieses Zeugnisses erklärt.

Die Einteilung der Veden

Die Veden sind Zusammenstellungen von Texten aus unterschiedlichen Zeiträumen, welche demzufolge unterschiedliche Entwicklungsstufen in den philosophischen Gedankenvorstellungen erkennen lassen. Sie werden daher in vier Gruppen geteilt:

Die Veden entwickelten sich zur unerschöpflichen Quelle für alle Dinge im Leben

1. Samhitas
(um 1500–800 v. Chr.):
Samhitas sind Sammlungen von Hymnen, wobei man vier unterscheidet: I. Rigveda (Lobeshymnen), II. Samaveda (Sammlung von Liedern oder Melodien), III. Yajurveda (Sammlung von Opferformeln), IV. Atharvaveda (Sammlung von Zauberformeln und -sprüchen). Der Rigveda ist der älteste und bedeutendste der Veden.

2. Brahmanas
(1000–600 v. Chr.):
Umfangreiche Prosatexte mit theologischen Abhandlungen, Schwerpunkt sind die Opferungen und die praktische oder mystische Bedeutung der einzelnen Opferungszeremonien. Während dieser Zeit entwickelte sich das Kastensystem.

3. Aranyakas
(800–600 v. Chr.):
»Waldbücher«, wurden von asketisch lebenden Mönchen im Wald verfaßt, welche auf der inneren und symbolischen Bedeutung der Opferung bestanden.

4. Upanisaden
(800–200 v. Chr.):
bedeutet »Geheimnislehre«. Sie gehören mit zu den Aranyakas und enthalten die grundlegenden Themen der indischen Philosophie in einer noch etwas unsystematischen Weise. Sie bilden das Ende der vedischen Literatur und werden daher auch als Vedanta bezeichnet.

und für spätere philosophische Denkweisen in Indien, wie zum Beispiel auch für die epische Literatur (Ramayana und Mahabharata, 600–200 v. Chr.), die sechs orthodoxen Schulen, den »Law of Manu« (2. Jh. v. Chr. bis 1. Jh. n. Chr.) und die Bhagavadgita (2. Jh. n. Chr.) etc.

Die vier Teile der Veden spiegeln die systematische, stufenweise Entwicklung der vedischen religiösen Gedanken wider, ausgehend von der Faszination durch Naturphänomene (in rigvedischen Hymnen) über Polytheismus zu Monotheismus und Monismus bis zu höheren philosophischen Ideen.

Acht bedeutende Begriffe im Hinduismus

Es gibt im Hinduismus oder Vedismus acht sehr wichtige Begriffe oder Termini, welche die gesamte Religionsphilosophie des Hinduismus erklären. Diese Fachbegriffe lassen sich nicht einfach mit einem Wort in eine andere Sprache übersetzen, denn hinter ihnen verbergen sich philosophische Gedankenentwicklungen. Zu ihnen gehören:

dharma:
Das Gesetz, die kosmische Ordnung, Schöpfungsprinzip usw.

Brahman:
Urprinzip der Welt, die alles schaffende Allseele, ewig, allgegenwärtig.

Atman (Seele, Selbst):
Atman ist universal, immanent und transzendent. Es ist das höchste Subjekt des Universums, das niemals Objekt werden kann.

karman (Handlung, Tat):
Es ist das Gesetz von Ursache und Wirkung. Jede Handlung hat eine Ursache und eine Wirkung. Wenn jemand in gutem religiösen Sinne handelt, wird es auch positive Folgen haben oder gutes *karman* für eine freudige Zukunft bewirken. Wenn jemand Böses tut und sündhafte Taten begeht, wird schlechtes *karman* das Resultat sein und Leiden für die Zukunft bedeuten. Alle Arten von gutem oder schlechtem *karman*, die sich im Laufe des Lebens eines Menschen angesammelt haben, sind die Quelle für die Fortsetzung des Lebens im Kreislauf der Seelenwanderung (*samsara*) entsprechend den Aktivitäten der Vergangenheit: entweder freudig oder leidend.

samsara:
Samsara bedeutet eine unbestimmte Anzahl von Geburt und Tod. Es ist die Seelenwanderung von einer Daseinsform zu einer anderen, ein Kreislauf in der Schöpfung. Die Daseinskette umfaßt nicht nur menschliche Formen, sondern auch himmlische, tierische, vegetative, mineralische, unterirdische Formen.

varna (Kaste, Klasse):
Die *varna*-Zugehörigkeit wird nach der altindischen Vorstellung durch das bisherige *karman* bestimmt. Demnach gibt es vier *varnas*: I. *brahmana* (Priester), II. *kshatriya* (Krieger), III. *vaisya* (Kaufleute, Gewerbetreibende und Bankiers), IV. *sudra* (Leibeigenen). Die ersten drei Stände werden als *dvi-ja*, »Zweimal geboren«, zusammengefaßt, da sie eine »zweite Geburt« durch rituelle Weihe erleben.

asrama-s
(Es gibt zwei technische Bedeutungen:)
I. Einsiedelei, Kloster und II. Lebensstufe. Die Gesellschaft wird nach der altindischen Auffassung nicht nur horizontal in »Kasten«, sondern auch vertikal in Lebensstufen gegliedert.
Es gibt vier Lebensstufen. Die Dauer jeder einzelnen beträgt idealtypisch 25 Jahre.

Oben: Tempel in Benares (Indien) mit betenden Hindus.

Unten: Hinduistischer Tempel in Tricomalee.

Oben: Zeremonie in einem hinduistischen Tempel.

Unten: Ganges, der heilige Fluss der Hindus, hier in Benares.

I. *brahmacarin*:
Im ersten Lebensabschnitt soll der Junge ab etwa dem fünften und sechsten Lebensjahr in verschiedenen Wissensgebieten unterrichtet werden. Er soll sich für das weitere Leben vorbereiten.

II. *grhastha*:
Ein Jüngling soll, wenn er im Alter von 25 Jahren seine Lernzeit beendet hat, zu seinen Eltern zurückkehren. Sie sollen für ihn eine Braut aussuchen und die Hochzeit ausrichten. Zusammen mit seiner Frau soll er unabhängig von seinen Eltern leben und alle Pflichten in der Familie sowie der Gesellschaft erfüllen.

III. *vanaprastha*:
»Waldeinsiedler« Wenn ein Mensch alt wird und Enkelkinder hat, sollte er sich vom sozialen Leben zurückziehen. Er sollte entweder allein oder zusammen mit seiner Frau einen Wohnsitz außerhalb des Dorfes oder der Stadt finden und sich vorrangig spirituellen Aktivitäten widmen.

IV. *samnyasin*:
»Wanderasket«. Der Mensch, der sich selbst von allen Arten der Bindung befreien möchte, sollte sich vollkommen den spirituellen Aktivitäten zuwenden und ein Asket werden. Als Asket wird er einen neuen Namen und somit eine neue Existenz haben.

moksa (Befreiung):
Das Erreichen von *moksa* bedeutet gleichzeitig das Beenden des fortlaufenden Kreislaufs von *karman* und *samsara*. Es ist die totale Befreiung von jeglichen Bindungen und Erfahrungen – ein Zustand des höchsten Glücks.

Die Auffassungen von *brahman, atman, karman, samsara* und *moksa* spielen in der indischen Philosophie eine besondere Rolle. Auch Buddha benutzte diese Begriffe für die Erklärung seiner Philosophie, jedoch interpretierte er sie entsprechend seinen philosophischen Gedanken und gab ihnen somit eine neue Bedeutung.

Weitere wichtige Aspekte im Hinduismus
Götter

Mythologie spielt im Hinduismus eine sehr große Rolle. Ohne Götter und Höllen (28 Höllen) gäbe es keinen Hindu-Glauben. Laut Rigveda gibt es 33 Götter, welche in drei Gruppen geteilt sind, bezogen auf Himmel, Luft und Erde. Varuna, Indra und Agni sind die bedeutendsten unter ihnen.

Weiterentwicklung philosophischer Gedanken

Die Suche nach dem Einheitsprinzip repräsentiert die trinitarische Philosophie im Hinduismus. Sie wird durch »Trimurti« erklärt: ein Gott in drei Gestalten: Brahma, Vishnu und Shiva. In dieser Dreifaltigkeit ist Brahma der Schöpfer, Vishnu der Erhalter und Shiva der Zerstörer.

Schlussfolgerung

Der Hinduismus spielt bis heute in der Geschichte, Politik und Gesellschaft Indiens eine sehr bedeutende Rolle. Er ist eine der ältesten Religionen der Welt, und es bedarf Geduld und Sorgfalt beim Studium der religiösen Texte, um den Reichtum und die Tiefe der Hindu-Philosophie zu verstehen. Der Hinduismus breitete sich von Indien ausgehend in einigen anderen asiatischen Ländern aus. In Sri Lanka sind 7% der Bevölkerung Hindus.

Oben re.:	Vishnu – gilt als Welterhalter. Er wird mit vier Armen dargestellt, in denen er einen Diskus, eine Muschel, eine Lotusblüte und eine große Keule hält. In vielen Darstellungen sitzt oder steht er auf einer Lotusblüte.
Oben li.:	Ganesh – Glücks- und Elefantengott. Die Ratte ist Ganeshas Reittier. Ein Symbol dafür, dass in jedem noch so kleinen Tier soviel göttliche Energie steckt, dass es sogar einen Elefanten tragen kann.
Unten:	Shiva – gilt im Hinduismus als Zerstörer, aber auch als Erneuerer. Shiva ist Gott des Tanzes und der Feste.

Oben: Das wichtigste Symbol Shivas ist das Lingam, ein Phallussymbol, das seine Schöpferkraft versinnbildlichen soll.

Unten re.: Das Zeichen für »om«, »Gott«.

Unten li.: Brahma gilt als der erste Gott im Hinduismus und wird als Schöpfer gesehen. Er wird mit vier Köpfen dargestellt, die in alle vier Himmelsrichtungen blicken. In seinen Händen hält er die vier Veden, die heiligen Schriften des Hinduismus.

© Iranga Gunawardana

Eine von vier Buddhastatuen vor der Dagoba in der Vatadage im »Viereck« in Polonnaruwa.

Buddhismus

Das Leben des Buddha

Die Geburt des Siddhartha Gautama

Buddha wurde ungefähr 563 v. Chr. im Lumbini Hain in der Nähe von Kapilavastu, der Hauptstadt des Sakya Königreiches am Fuße des Himalaya, rund hundert Meilen von der heutigen Stadt Benares entfernt, geboren. Sein Familienname war Gautama und sein persönlicher Name Siddhartha, (= »jemand, der sein Ziel erreicht hat«).

Sein Vater war Suddhodana, der zur Ksatriya- oder Krieger-Kaste gehörte, ein Chef des Sakya-Clans. Seine Mutter war Königin Mahamaya, sie starb sieben Tage nach Buddhas Geburt. Buddha wurde von Prajapati Gotami, der älteren Schwester seiner Mutter und zweiten Ehefrau seines Vaters, in prinzlichem Luxus aufgezogen. Der größte Wunsch des Vaters bestand darin, seinen Sohn als seinen ehrenwerten Thronfolger zu sehen. Der Vater fürchtete aufgrund einer Prophezeiung am Tag der Namensgebung seines neugeborenen Sohnes, dass der Prinz eines Tages das elterliche Haus verlassen werde, um ein asketisches Leben zu führen.

Dem Brauch der damaligen Zeit entsprechend wurde der Prinz im frühen Alter von 16 Jahren mit seiner gleichaltrigen Cousine, Prinzessin Yasodhara, der Tochter seines Onkels mütterlicherseits, der Führer der Koliyas war, verheiratet. Im Alter von 29 Jahren wurde ihr erstes Kind geboren – Sohn Rahula. Seit seiner Heirat führte Siddhartha ungefähr 13 Jahre lang ein Leben in Luxus und häuslicher Zufriedenheit. Sein Vater traf alle möglichen Vorkehrungen, seinen Sohn von Einflüssen fernzuhalten, die ihm Leid oder Traurigkeit zufügen konnten, jedoch war dies nicht auf Dauer möglich.

Mit fortgeschrittenem Alter und zunehmender Reife wurde der Prinz mit der leidvollen und grausamen Realität der Welt konfrontiert.

Direkt nach seiner Geburt soll Buddha aufgestanden sein und erste Schritte in alle vier Himmelsrichtungen getan haben. Aus seinen Fußstapfen entsprossen Lotusblüten.

Buddhas Lebenswende

Der Legende nach erfolgte Buddhas Lebenswende aufgrund von vier Begegnungen, die er eines Tages erlebte, als er mit seinem treuen Diener Channa in seiner Kutsche unterwegs war.

Zuerst sah er einen Mann, der wegen seines hohen Alters sehr schwach und schrecklich hilflos war; dann sah er einen Mann, der so dünn war, dass man nur Haut und Knochen sah. Er wirkte sehr unglücklich und verloren und war von der Pest befallen. Die dritte Begegnung war eine Gruppe von trauernden Verwandten, die auf ihren Schultern die Bahre eines geliebten Verstorbenen zur Verbrennung trugen. Diese Zeichen des Leidens wühlten Siddharthas Gedanken auf, jedoch hinterließ die vierte und letzte Begegnung den nachhaltigsten Eindruck. Siddhartha sah einen asketisch lebenden Mann, der ruhig und ernst war und trotz seines hohen Alters kräftig, gesund und glücklich wirkte. Der Prinz erfuhr, dass dieser Mann sein Haus verlassen hatte, um ein Leben der Entbehrungen zu führen und nach der Wahrheit zu suchen.

Diese vier Erfahrungen, die Buddha mit eigenen Augen mitansah, beeindruckten ihn nachhaltig und waren der Anlaß für ihn, sein Leben grundlegend zu ändern.

Die große Verabschiedung des Siddhartha

Als Siddhartha 29 Jahre alt war, am selben Tag, an dem sein Sohn Rahula geboren wurde, trennte er sich von seiner Familie und seinem Zuhause, um im Wald zu leben und nach den Ursachen für Schmerz und Leiden, Geburt und Wiedergeburt sowie Möglichkeiten zu suchen, diese zu verhindern und zu beseitigen. Siddhartha wurde ein wandernder Asket und begann, nach einem wahren Ausweg aus dem Leiden zu fahnden.

Siddharthas Wanderjahre und Erleuchtung

Die nächsten sechs Jahre verbrachte Buddha in asketischer Selbstdisziplin in der Hoffnung, Erleuchtung zu erlangen.

Zuerst erreichte er das Königreich Vaisali, wo er den Asketen Alara Kalama traf, welcher zur Yoga-Schule gehörte und dessen Schüler er wurde. Mit Hilfe der Meditation erlernte er die Lehre von der Wunschlosigkeit, die Frage nach der Wahrheit blieb jedoch unbeantwortet.

Auch sein zweiter Lehrer, Uddaka Ramaputta, konnte Siddhartha bei seiner Suche nach dem wahren Ausweg nicht weiterhelfen, und so wanderte er weiter.

Nach sechs langen Jahren strenger Askese war Buddha physisch sehr schwach, ohne sein Ziel erreicht zu haben. Wandmalerei im Tempel in Kalutara, Sri Lanka.

Nach sechs langen Jahren strenger asketischer Disziplin wurde Buddha physisch sehr schwach, ohne sein Ziel erreicht zu haben. Er beschloss, seine Suche in vollkommener Einsamkeit und tiefer Meditation fortzusetzen. Mit überkreuzten Beinen saß er unter einem Baum am Ufer des Flusses Neranjara in Gaya (heute als Buddha-Gaya bekannt) mit der festen Absicht, sich nicht eher fortzubewegen, bis er eine Antwort auf seine Frage gefunden hatte. Mara, der Böse, und seine Töchter versuchten ihn mit Stürmen, sintflutartigen Regenfällen und brennenden Waffen zu schrecken und ihn zu verführen, indem sie ihm den Reichtum der Welt vor Augen führten. Jedoch waren ihre Bemühungen vergeblich, Gautama blieb, wo er war. Schließlich, nach 49 Tagen Meditation erlangte er in einer Vollmondnacht im Monat Mai die Erleuchtung. Von da an wurde er als Buddha bekannt, was »der Erleuchtete« bedeutet.

Buddha war 35 Jahre alt, als er erleuchtet wurde. Er verharrte in diesem glückseligen Zustand für einige Wochen und wollte nicht predigen. Die Legende besagt, dass Brahma und andere Götter ihn baten, den *dhamma* zu predigen, welcher der Menschheit den Weg zur Erlösung zeigen sollte. Sieben Wochen nach der Erleuchtung beschloss Buddha, seine erste Predigt den fünf Asketen von Benares (Kondanna, Vappa, Bhaddiya, Mahanama und Assaji) – seinen früheren Freunden – zu widmen.

Mara, der Böse, und seine Töchter versuchten Buddha.

Nach 49 Tagen Meditation erlangt Buddha in einer Vollmondnacht im Mai die Erleuchtung.

So machte sich Buddha auf den Weg nach Benares, um die fünf Asketen im berühmten Wildpark in Isipatana zu treffen und seine erste Predigt zu halten: die *dharmacakrapravartana* oder »Vom In-Bewegung-Setzen des Rads der Lehre«. Nachdem die Asketen seine Predigt gehört hatten, wurden sie seine Anhänger. Mit der Bekehrung der fünf Asketen wurde der Wildpark in Isipatana zur Geburtsstätte von Buddhas Kirche (*buddhasasana*) und der Gemeinschaft geweihter Mönche (*sangha*). Kurz darauf hielt Buddha seine zweite Predigt – das *anattalakkhana sutta* oder »Die Merkmale der Ich-Losigkeit«.

Innerhalb kurzer Zeit hatte Buddha sechzig Jünger, denen er *dhamma* lehrte, um sie auszusenden, seine Botschaft von der Erlösung zu predigen. Buddha wanderte und predigte in Kasi, Magadha, Rajagaha, Nalanda und Kosala (dem heutigen Uttar Pradesh, Bihar, Nepal) und bekehrte viele Menschen. Es wird erzählt, dass sein eigener Sohn Rahula ein buddhistischer Mönch wurde und seine Stiefmutter Prajapathi eine Nonne (*bhikkhuni*).

Er predigte seine Lehre 45 Jahre lang und stellte den *bhikkhu sangha* (Ordensregeln der Mönche) sowie später den *bhikkhuni sangha* (Ordensregeln der Nonnen) auf.

Nachdem die Asketen Buddhas Predigt gehört hatten, wurden sie seine Anhänger.

Buddhas Leiche wird verbrannt.

Buddhas Tod

Als Buddha 80 Jahre alt war, war er mit seinem Lieblingsjünger Ananda in Pava. Cunda, ein Metallarbeiter, hatte beide zu einem Essen eingeladen, nach welchem Buddha an Ruhr erkrankte. Das hielt ihn jedoch nicht davon ab, nach Kusinara zu gehen. Als er merkte, dass sein Ende nahte, ließ er sich zwischen zwei Sal-Bäumen nieder, denn er war zwischen ihnen geboren und wollte an einem ähnlichen Platz sterben. Die letzten Stunden seines Lebens verbrachte er damit, Ananda und den anderen Mönchen Anweisungen zu geben. Subhadda, ein wandernder Asket, hörte Buddhas Lehren im letzten Moment und war der letzte, der von Buddha selbst bekehrt wurde.

Buddha erwählte niemanden zu seinem Nachfolger, sondern sagte, dass die *dhamma*-Lehre ihr Führer sein sollte. Er hielt seine letzte Predigt und erreichte *parinirvana*. (Wenn jemand *nirvana [pali = nibbana]* erreicht, erlebt er Freude während seines Lebens. *Parinirvana* kann nur mit dem Tod erlangt oder erkannt werden, mit dem Ende des körperlichen Lebens.)

Buddha starb an einem Vollmondtag von Vaisakha, im Mai 483 v. Chr., am selben Tag, an dem er geboren und erleuchtet wurde. Tausende von Menschen kamen, um dem Meister ihre letzte Ehre zu erweisen.

Sieben Tage später wurde sein Körper verbrannt. Buddha war vielen Königen bekannt, und sie liebten ihn. Es wird erzählt, dass diese Könige nach Buddhas Tod bei der Verteilung seiner verbliebenen Asche und Knochen zur Errichtung eines *stupa* (Denkmal) in Streit gerieten.

Der Streit endete friedlich, und von diesem Moment an begann der buddhistische Reliquienkult.

Buddha starb an einem Vollmondtag von Vaisakha, im Mai 483 v. Chr., am selben Tag, an dem er geboren und erleuchtet wurde.

Die Hauptkonzile des Buddhismus

Ort	Zeit	Hauptteilnehmer	religiöse Themen
Rajagrha, Indien 1. Konzil	483 v. Chr.	500 Ordensältere, Upali, Kasyapa, Ananda (unter Schirmherrschaft des Königs Ajatasattu).	Vortrag des Dhamma und Vinaya
Vaisali, Indien 2. Konzil, 1. Sitzung	383 v. Chr.	700 Mönche, Yasa, Vrjiputraka Mönche (unter Schirmherrschaft des Königs Kalasoka).	Streit über die zehn illegalen Übungen
Ptaliputra, Indien 2. Konzil, 2. Sitzung	367/346 v. Chr.	die zukünftigen Sthaviras u. Mahasanghikas	nicht genau bekannt, evtl. nachlässige Moral
Pataliputra, Indien 3. Konzil, 1. Sitzung	247 v. Chr.	König Ashoka, Moggaliputtatissa	Auseinandersetzung über Orthodoxie
Anuradhapura, Sri Lanka, 4. Konzil	25 v. Chr.	König Vattagamini, Mahavihara Mönche	Beendigung des Tipitaka in Pali
Kashmir, 5. Konzil	100 n. Chr.	König Kaniska, Vasumitra, 499 Gelehrte	Debatte über die Lehrmeinungen, Zusammenstellung des Mahavibhasa

Dhamma – Buddhas Lehre

Buddhas gesamte religiös-philosophische Lehre gründet sich auf die vier edlen Wahrheiten (*cattari ariyasccani*), die er nach seiner tiefen Meditation unter dem Bodhi-Baum in Gaya erkannte und später in seiner ersten Predigt, der »Predigt von Benares«, den fünf Asketen offenbarte. Der Sinologe Klaus Mylius hat die Sammlung buddhistischer Lehrtexte aus dem Pali ins Deutsche übersetzt.

Im Samyutta-Nikaya LVI,11 sind die vier edlen Wahrheiten wie folgt formuliert:

5. Dies nun, o Mönche, ist die edle Wahrheit vom Leiden. Geburt ist Leiden, Alter ist Leiden, Krankheit ist Leiden, Sterben ist Leiden, Kummer, Wehklage, Schmerz, Unmut und Unrast sind Leiden; die Vereinigung mit Unliebem ist Leiden; die Trennung von Liebem ist Leiden; was man wünscht, nicht zu erlangen, ist Leiden; kurz gesagt, die fünf Arten des Festhaltens am Sein sind Leiden.
6. Dies nun, o Mönche, ist die edle Wahrheit von der Leidensentstehung. Es ist dieser »Durst«, der zur Wiedergeburt führt, verbunden mit Vergnügen und Lust, an dem und jenem sich befriedigend, nämlich der Liebestrieb, der Selbsterhaltungstrieb, die Sucht nach Reichtum.
7. Dies nun, o Mönche, ist die edle Wahrheit von der Aufhebung des Leidens. Es ist ebendieses Durstes Aufhebung durch (seine) restlose Vernichtung; (es ist) das Aufgeben (des Durstes), der Verzicht (auf ihn), die Loslösung (von ihm, seine) Beseitigung.
8. Dies nun, o Mönche, ist die edle Wahrheit von dem zur Aufhebung des Leidens führenden Pfad. Es ist dieser edle achtgliedrige Weg, nämlich: rechte Einsicht, rechter Entschluß, rechte Rede, rechte Tat, rechter Wandel, rechtes Streben, rechte Wachheit, rechte Versenkung.

Ohne die Erkenntnis der vier Wahrheiten hätte es für den asketischen Gautama keine Erleuchtung und somit auch keine Buddhaschaft gegeben.

Diese vier Wahrheiten bilden das Fundament der buddhistischen Religionsphilosophie, sie sind die zentrale Anschauung des Buddhismus. Obwohl, wie aus den buddhistischen Schriften hervorgeht, bereits zu Lebzeiten Buddhas verschiedene Auffassungen innerhalb der buddhistischen Gemeinschaft existierten, wurden die vier edlen Wahrheiten von allen Schulen uneingeschränkt akzeptiert.

1. Die edle Wahrheit vom Leiden
(*dukkha-ariyasacca*)

Die erste Wahrheit lehrt die Erkenntnis von *dukkha* (Leiden). Es wird erklärt, dass sich das gesamte Dasein in fünf Daseinsgruppen (*khanda*) teilt: Körperlichkeit, Gefühl, Wahrnehmung, Geistesformation und Bewusstsein. Sie alle sind aufgrund ihrer Unbeständigkeit und Vergänglichkeit dem Leiden unterworfen. Das Leben in seiner Individualität und Vielfältigkeit, mit allen physischen und spirituellen Erfahrungen ist demzufolge *dukkha*.

2. Die edle Wahrheit von der Leidensentstehung
(*dukkhasamudaya-ariyasacca*)

Die zweite Wahrheit lehrt, dass das Begehren (*tanha*) die Ursache des Leidens ist. Es bedingt das Dasein, das aufgrund einer Reihe von gegenseitig aufeinander wirkenden Faktoren einen unaufhörlichen Kreislauf bildet. Anfang und Ende jeder Art von Leben sind somit nicht nachvollziehbar.

Die Kette von der »Bedingten Entstehung« (*paticcasamuppada*) sowie das Gesetz von *karman* (Tat, Wirken) und Wiedergeburt sind die Kerngedanken der zweiten edlen Wahrheit und der buddhistischen Lehre überhaupt. Die Formel der »Bedingten Entstehung«, verdeutlicht, dass nichts entstehen kann, ohne von etwas anderem abhängig zu sein:

1. Durch Unwissenheit (*avijja*) bedingt sind die Karmaformationen (moralische und unmoralische).
2. Durch Karmaformationen (*sankhara*) bedingt ist das Bewußtsein (im nächsten Leben).
3. Durch das Bewußtsein (*vinnana*) bedingt ist das Körperliche und Geistige.
4. Durch das Körperliche und Geistige (*nama-rupa*) bedingt sind die sechs Sinnesorgane.
5. Durch die sechs Sinnesorgane (*satayatana*) bedingt ist der Bewußtseinseindruck.
6. Durch den Bewußtseinseindruck (*phassa*) bedingt ist das Gefühl.
7. Durch das Gefühl (*vedana*) bedingt ist das Begehren.
8. Durch das Begehren (*tanha*) bedingt ist das Anhaften.
9. Durch das Anhaften (*upadana*) bedingt ist der Werdeprozeß.
10. Durch den Werdeprozeß (*bhava*) bedingt ist die Wiedergeburt.
11. Durch die Wiedergeburt (*jati*) bedingt sind Altern und Sterben.
12. Durch Altern und Sterben (*jara-marana*) bedingt ist Unwissenheit.

Der Buddhismus betont immer wieder, dass jedes Individuum die Fähigkeit besitzt, den Kreislauf von *karman* zu beenden und die zweite Gruppe menschlicher Existenz zu erreichen – *nirvana (pali: nibbana)*, das Ende von *karman* und Wiedergeburt (*samsara*).

Geburt beginnt vom Tod, und vom Tod aus beginnt wieder die Geburt. Es ist für jedes Wesen ein unendlicher Kreislauf von Geburt, Tod und Wieder-Geburt. Das Bewusstsein existiert auch nach dem Tod weiter. Jeder Bewusstseinsmoment geht in den anderen ohne Leerraum über. Jeder Moment wechselt mit allen von vorangegangenen Momenten gesammelten Arten von *karman* (gutes und schlechtes) in den nächsten über. Der Buddhismus sagt, dass das Bewusstsein keinen Anfang hat und aus der Ewigkeit entstand. Von der Ewigkeit aus werden alle Wesen ständig wiedergeboren, sterben, und jedes Wesen sammelt sein *karman*. Die Sammlung von *karman* bestimmt die Zukunft. Der Prozess von Geburt und Tod wird so lange anhalten, bis der Mensch erkennt, dass er an Wünsche, Begehren, Liebe, Hass, Angst und Stolz etc. gebunden ist, und beginnt, diese negativen Seiten zu vernichten, bis es schließlich keine »Ansammlung« von *karman* gibt. Dies zu erreichen ist das endgültige Ziel – *nirvana*.

3. Die edle Wahrheit von der Leidenserlöschung
(*dukkha-nirodha-ariyasacca*)

Die dritte Wahrheit lehrt und offenbart das höchste Ziel im Buddhismus: das Erreichen von *nirvana*. Es bedeutet das Auflösen und Erlöschen aller Bindungen und des Begehrens. Es beendigt den Kreislauf vom Werden und befreit vom ewigen Leiden.

Wer den Zustand geistiger Reinheit und Klarheit erreicht hat, wird als »Erleuchteter« oder »Heiliger« (*arahat*) bezeichnet und erfährt höchste Glückseligkeit.

4. Die edle Wahrheit von dem zur Leidenserlöschung führenden Pfad
(*dukkhanirodhagaminipatipada-ariyasacca*)

Die vierte und letzte edle Wahrheit ist die Wahrheit vom Pfad, der zum vollständigen Erlöschen von *dukkha* führt. Buddha fand den Mittelpfad während seiner Erleuchtung, wodurch der Weg zum Erreichen von *nirvana* deutlich wurde. Der Mittelpfad führt zu innerem Frieden und höherem Wissen, um *nirvana* und *parinirvana* zu erreichen.

Der edle »Achtfache Pfad«

Panna – Wissen	1. Rechte Erkenntnis *(samma-ditthi)* 2. Rechte Gesinnung (*samma-sankappa*)
Sila – Sittlichkeit	3. Rechte Rede (*samma-vaca*) 4. RechteTat (*samma-kammanta*) 5. Rechter Lebenserwerb (*samma-ajiva*)
Samadhi – Sammlung	6. Rechte Anstrengung (*samma-vayama*) 7. Rechte Achtsamkeit (*samma-sati*) 8. Rechte Sammlung (*samma-samadhi*)

Der Achtfache Pfad ist die Grundlage der buddhistischen Ethik. Eine genaue Analyse des Tipitaka zeigt, dass Buddhas Lehren im Großen und Ganzen unter drei Gesichtspunkten betrachtet werden können, nämlich:

1. Philosophie, 2. Ethik, 3. Psychologie. In seinen Lehren sind alle drei Gebiete miteinander verkettet. Eine perfekte Ethik braucht Philosophie und Psychologie, um eine vollkommene Entwicklung der einzelnen Individuen sowie der gesamten Gesellschaft zu ermöglichen.

Buddha lehrte *sila*, *panna* und *samadhi*, die drei Schulungen der Disziplin und der Schlüssel zur Ethik, um ein perfektes Leben und die höchste Freiheit auf der Erde und nach dem Tod zu erlangen. Er behauptete, dass jeder, der diese dreifache Schulung (*tividha-sikkha*) stufenweise und glaubhaft praktiziert und befolgt, sicher sein kann, *nirvana* zu erfahren.

Ausgehend von den vier edlen Wahrheiten, sind in der buddhistischen Literatur weitere Lehren zu finden. Diese wurden und werden von den unterschiedlichen Gruppen und Schulen, die sich nach Buddhas Tod gebildet hatten, entsprechend ihren Ansichten verschieden interpretiert und praktiziert.

Schon zu Lebzeiten Buddhas wurden einige Termini seiner Lehre falsch verstanden oder missinterpretiert, und auch heute bezeichnen viele den Buddhismus als pessimistische Lehre oder Religion. Wenn man den Pali-Kanon jedoch genau studiert und die sozialpolitische und religiöse Situation zu Buddhas Zeit berücksichtigt, wird deutlich, dass Buddha versuchte, das Leben objektiv und realistisch zu betrachten. Er war sich durchaus der Erfahrungen von Glück und Freude bewusst, warnte jedoch davor, sich daran »festzuhalten«, da diese Zustände niemals andauern. In den meisten Fällen folgen als Konsequenz Enttäuschung, Traurigkeit und Frustration.

Diese wichtige Erkenntnis und Wahrheit der buddhistischen Lehre, sich von »Vergänglichem« zu befreien, kann auch den Menschen heute nach dem Tsunami helfen, einen Sinn in ihrem Leben zu sehen, es neu zu gestalten und wahre Freude zu finden.

Buddhas Dankbarkeit für den Bo-Baum, unter dem er erleuchtet wurde. Wandmalerei im Tempel in Kalutara.

Das buddhistische Theravada-Glaubensbekenntnis

Das Glaubensbekenntnis ist im Buddhismus unter den ›Drei Kleinodien‹ (*pali*: *tiratana; sanskrit: triratna*) oder unter der ›Dreifachen Zuflucht‹ (*pali*: *tisarana; sanskrit*: *trisarana*) bekannt. Die Dreifache Zuflucht bilden der Buddha, der *dhamma* und der *sangha*. Es ist die Formel zum Bekenntnis des buddhistischen Glaubens und zur Aufnahme eines neuen Anhängers des Buddhismus. Bei der täglichen Wiederholung folgt unmittelbar darauf die Huldigungsformel (*Namo Tassa Bhagavato arahato Samma Sambuddhassa:* Ehre sei Ihm, dem Erhabenen, Heiligen, vollkommen Erwachten). Das buddhistische Glaubensbekenntnis lautet wie folgt:

Buddham Saranam gacchami.
(Zum Buddha nehme ich meine Zuflucht.)
Dhammam Saranam gacchami.
(Zur Lehre nehme ich meine Zuflucht.)
Sangham Saranam gacchami.
(Zur Gemeinde nehme ich meine Zuflucht.)

Dutiyampi Buddham Saranam gacchami.
(Zum 2. Male: Zum Buddha nehme ich meine Zuflucht.)
Dutiyampi Dhammam Saranam gacchami.
(Zum 2. Male: Zur Lehre nehme ich meine Zuflucht.)
Dutiyampi Sangham Saranam gacchami.
(Zum 2. Male: Zur Gemeinde nehme ich meine Zuflucht.)

Tatiyampi Buddham Saranam gacchami.
(Zum 3. Male: Zum Buddha nehme ich meine Zuflucht.)
Tatiyampi Dhammam Saranam gacchami.
(Zum 3. Male: Zur Lehre nehme ich meine Zuflucht.)
Tatiyampi Sangham Saranam gacchami.
(Zum 3. Male: Zur Gemeinde nehme ich meine Zuflucht.)

Die Drei Kleinodien werden vielfach im Pali-Kanon (Tipitaka) erwähnt. Das Glaubensbekenntnis ist eine spätere Entwicklung der Theravada Tradition, welche diese Formel oft für liturgische Zwecke nutzt. Die Drei Kleinodien stellen ein lebendiges religiöses Bewusstsein der Theravada-Buddhisten dar.

Die Pali-Literatur

Der Palikanon-Tipitaka: Der Tipitaka (*sanskrit*: Tripitaka oder der Dreikorb) ist die früheste, anerkannteste und vollständigste Quelle, die wir als Bericht des frühen Buddhismus besitzen. Obwohl es möglich ist, dass die Berichte des Tipitaka nicht die originalen Lehren des Buddha sind, ist er die naheliegendste und glaubwürdigste Quelle, die wir besitzen. Er verkörpert, was die frühen indischen Buddhisten über die Lehren und Taten ihres Meisters geglaubt haben.

Die Berichte beziehen sich auf die Glaubensinhalte, die vor der Zusammenstellung und Niederschreibung der Pitakas verbreitet waren. Wahrscheinlich wurden sie etwa 350–80 v. Chr. zusammengestellt und vollendet. Die Vorbereitung des Pali-Kanon erfolgte etwa 100 Jahre nach Buddhas Tod (etwa 483 v. Chr.) und wurde im Verlauf der ersten drei buddhistischen Konzile gesammelt und fertiggestellt. Um 80 v. Chr. wurde der Kanon in Theravada-Klöstern in Sri Lanka geschrieben und ist seither sehr gut bewahrt worden.

Der Pali-Kanon

Vinaya Pitaka	Sutta Pitaka	Abhidhamma Pitaka
Das Vinaya Pitaka (Korb der Disziplin) enthält die patimokkha oder Ordensregeln für Mönche und Nonnen mit dazugehörigen Kommentaren. Es gibt drei Hauptgruppen: 1. Sutta-vibhanga: i. Mahavibhanga ii. Bhikkhunivibhanga 2. Khandakas: i. Mahavagga ii. Cullavagga 3. Parivara	Das Sutta Pitaka (Korb der Predigten) enthält fünf Nikayas oder Sammlungen von Predigten und Abhandlungen in Prosa- und Versform, die von Buddha oder seinen Schülern an die Laien gerichtet waren: 1. Digha-Nikaya 2. Majjhima-Nikaya 3. Samyutta-Nikaya 4. Anguttara-Nikaya 5. Khuddaka-Nikaya: Khuddakapatha, Dhammapada, Udana, Itivuttaka, Suttanipata, Vimanavatthu, Petavatthu, Theragatha Therigatha, Jataka, Niddesa, Patisambhidamagga, Apadana, Buddhavamsa, Cariyapitaka.	Das Abhidhamma Pitaka (Korb der Metaphysik) behandelt die buddhistischen Lehren aus metaphysischer und dogmatischer Sicht und enthält folgende Werke: 1. Dhammasangani 2. Vibhanga 3. Dhatukatha 4. Puggalapannatti 5. Kathavatthu 6. Yamaka 7. Patthana

NICHT-KANONISCHE BÜCHER UND AUFZEICHNUNGEN DER THERAVADA SCHULE

Kommentare zu Kanonischen Büchern:
Kommentar zum Digha-Nikaya, Sumangalavilasini von Buddhaghosa (der erste buddhistische Kommentator), Kommentar zum Buddhavamsa, Madhuratthavilasini, Kommentar zum Dhammapada, Kommentar zum Jataka Nidanakatha

Andere Bücher und Aufzeichnungen
Milindapanha oder Die Fragen des Königs Milinda (130 v. Chr.); Die Felsenedikte des Königs Asoka (247-237 v. Chr.), Dipavamsa (350 n. Chr.), Mahavamsa (550 n. Chr.), Buddhaghosas Visuddhimagga ist ein späteres Werk (400 n. Chr.)

Linke Seite: Buddhastatue in Dambulla.

Oben: Uralte Palmblätter mit buddhistischen Texten.
Unten: Nach Buddhas Lehre ist das Leben ein Kreislauf. Daher ist das Rad das Symbol des Buddhismus.

Fußwaschung Jesu, angereichert mit buddhistischen Motiven.

BUDDHA	JESUS CHRISTUS
Geburt: Er hatte eine gewöhnliche Geburt in einer königlichen Familie. Die Geschichte besagt, dass seine Mutter Mahamaya eine Jungfrau war, die durch einen Traum das Kind empfangen hatte. Er wurde nicht zu Hause, sondern im Lumbini-Hain geboren.	Geburt: Jesus wurde als Sohn eines Tischlers geboren. Es steht geschrieben, dass seine Mutter Maria eine Jungfrau war und die Empfängnis durch die Kraft des Heiligen Geistes erfolgte (Lk 1,26–38). Er wurde nicht zu Hause, sondern in einem Stall in Bethlehem geboren.
Namensgebung des Kindes: Siddhartha Die Prophezeiung des Asita, eines alten Weisen.	Sie nannten das Kind Jesus, so wie es ihnen der Engel bei der Empfängnis befohlen hatte (Lk 2,21). Die Prophezeiung des alten Simon (Lk 2,22–35).
Jugend: Siddhartha wurde dem königlichen Brauch entsprechend ausgebildet. Die Legenden berichten über sein Aufwachsen in der Familie, seine Jugend und die damit verbundenen Ereignisse – Heirat, sein Luxusleben sowie die vier Erfahrungen, die sein Leben veränderten. Mit 29 Jahren bekam er einen Sohn, wandte sich vom weltlichen Leben ab und wurde ein wandernder Mönch, der eine Lösung für das menschliche Leiden finden wollte. Sechs Jahre lang praktizierte er strenge Askese.	Bis zu Jesu 12. Lebensjahr gibt es in den Evangelien keinen detaillierten Bericht. Auch Jesus erhielt eine Ausbildung gemäß dem jüdischen Brauch. Mit zwölf Jahren saß er unter den Schriftgelehrten, hörte ihnen zu und stellte Fragen (Lk 2, 41–50). Bis zu seiner Taufe durch Johannes den Täufer (Lk 3,19–20) gibt es wiederum keine Aufzeichnungen über sein Leben. Mit 30 Jahren verließ er sein Zuhause, um sein Wirken im öffentlichen Leben zu beginnen.
Einsamkeit: Es war Siddharthas alleiniger Entschluß, in absoluter Einsamkeit bis zu seiner Erleuchtung zu meditieren. Mara, der Böse, versuchte ihn dabei ständig zu stören und zu verführen. Siddhartha widerstand allen Versuchungen und erreichte den Zustand des Buddha.	Jesus wurde durch den Heiligen Geist in die Wüste geführt, wo er vom Teufel 40 Tage versucht wurde. Jesus widerstand dem Teufel und erhielt die höchste spirituelle Kraft, um seine Mission zu beginnen. (Lk 3,23).
Wirken: Buddha wirkte in seinem Dienst 45 Jahre lang. In der Geschichte der Religionen begann er die erste organisierte Gemeinschaft von Mönchen. Die meisten seiner Jünger waren ausgebildet. Tausende Laien wurden seine Anhänger. Er brachte eine soziale und religiöse Revolution für Indien. Er lehrte Männer und Frauen aller Klassen, ohne Unterschiede zwischen ihnen zu machen.	Jesu Wirken auf der Erde dauerte nur 3 Jahre. Er brachte neue religiöse und soziale Denkweisen in die jüdische Gemeinschaft und machte die Religion Israels universal. Er hatte 12 Jünger, die einfache Menschen waren. Seine Botschaft von Gott lehrte er allen Menschen, jedoch während seines Lebens kam kein König oder höherer Priester persönlich zu ihm, um seine Botschaft zu hören. Er wirkte viel unter den Armen und Ausgestoßenen und heilte Kranke durch Wunder.
Tod: Er starb im Alter von 80 Jahren an einer Lebensmittelvergiftung.	Er starb im Alter von 33 Jahren, aber keines natürlichen Todes. Wegen seiner Lehren wurde er verurteilt und gekreuzigt.

Christliche Standpunkte zum Tsunami

1. Pater Dr. Raimund Bruderhofer, OCD

Wir Menschen dürfen uns an der Schönheit der Erde erfreuen. Viele Menschen haben in der Betrachtung der Schöpfung einen Weg zu Gott gefunden. Therese von Lisieux, Karmelitin und Kirchenlehrerin, berichtet in ihrer Autobiographie, wie sie ihr Vater als kleines Mädchen zum erstenmal nach Trouville brachte:

»Nie werde ich den Eindruck vergessen, den das Meer auf mich machte. Ich konnte nicht anders, als es unaufhörlich anschauen. Seine Majestät, das Donnern seiner Wogen, alles sprach zu meiner Seele von der Größe und der Macht des Lieben Gottes.« Und als die 14jährige sich auf die Pilgerreise von Paris nach Rom machte, wurden ihr viele unauslöschliche Eindrücke geschenkt:

»Wie wohl taten meiner Seele diese Schönheiten der Natur, in solch verschwenderischer Fülle ausgebreitet! ... Der Anblick all dieser Schönheiten regte meine Seele zu tiefen Gedanken an. Mir war, als begriffe ich schon jetzt, wie groß Gott ist und wie wundervoll der Himmel.«

Ich könnte die Worte des hl. Augustinus danebenstellen: »Frage die Schönheit der Erde, frage die Schönheit des Meeres, frage die Schönheit der Luft, die sich ausdehnt und sich verbreitet, frage die Schönheit des Himmels, frage alle Dinge. Alle antworten dir: Schau, wie schön wir sind! Ihre Schönheit ist ein Bekenntnis. Wer hat diese der Änderung unterliegenden Dinge gemacht, wenn nicht der Schöne, der der Veränderung nicht unterliegt.«

In diesen Gedanken können wir auch die eigenen Empfindungen bei der Betrachtung der Schöpfung wiederfinden. Die Gebete der Bibel, die Psalmen, enthalten Loblieder auf den Schöpfer, wie es zum Beispiel im Psalm 104, mit Blick auf das Meer lautet:

»Herr, wie zahlreich sind Deine Werke! Mit Weisheit hast Du sie alle gemacht, die Erde ist voll von Deinen Geschöpfen. Da ist das Meer, so groß und weit, darin ein Gewimmel ohne Zahl, kleine und große Tiere.«

Und doch wurde nach der Flutkatastrophe in Sri Lanka und so vielen anderen Ländern Südostasiens ebenso wie bei den vielen Lawinentoten oder bei Überschwemmungen und Vulkanausbrüchen die Frage gestellt: Wo war Gott? Die Natur zieht den Menschen nicht nur in ihren Bann durch Schönheit, Vielfalt, Geheimnis, Erfahrung von Unendlichkeit, von Gottesnähe. Sie kann den Menschen auch mit Schrecken, Dunkelheit, Hoffnungslosigkeit, Ausweglosigkeit erfüllen.

Im Buch der Genesis stehen die Worte, dass dem Menschen der Auftrag gegeben wurde, sich die Erde untertan zu machen und über sie zu herrschen. Wurden diese Worte der Bibel nicht oft zu einseitig verstanden und auf Ausbeuten, ja Zerstören reduziert? Sind nicht oft das Bewahren, die Ehrfurcht vor der Schöpfung, das Staunen zu kurz gekommen?

Eine der Theorien, welche die Entstehung, die Entwicklung des Weltalls und unserer Erde zu erklären versuchen, ist die Evolutionstheorie. Die Betrachtung der Gestalt unserer Erde konfrontiert uns mit der Tatsache, dass es einmal bewohnte Gebiete gab, die nun unterm Meeresspiegel liegen, dass Gletscher unsere Länder bedeckten, dass wir Ablagerungen der Meere nachweisen können in Gegenden, die wir bewohnen, dass Länder und Erdteile im Laufe der Jahrmillionen unterschiedliche Positionen einnahmen, dass Gebirge aufgefaltet wurden und Gebiete im Meer versanken. Und solche Umwälzungen und Veränderungen, die im Gang der Erdgeschichte mess- und nachweisbar sind, gibt es auch heute immer wieder. Und diese Bewegungen stellen für alle Lebewesen und den Menschen, der die Krone der Schöpfung ist, eine Existenzbedrohung dar.

Der Mensch muss seine ganze Klugheit und seine Fähigkeiten zur Voraussicht einsetzen, um im Kampf mit den Gewalten der Natur nicht unterzugehen. Er benötigt Demut, Ehrfurcht vor dem Geheimnis der Natur, um mit ihren gewaltigen Energien umzugehen.

Wird uns nicht schon seit vielen Jahren immer mehr bewusst, dass unsere Häuser zu nahe an gefährlichen Orten und Stellen stehen? Ist es richtig, dass Menschen zu Wanderungen dahin aufbrechen, wo die Gewalt von Schneelawinen nicht gebannt, wo Erdrutsch und Steinlawinen nicht mit Sicherheit ferngehalten werden können? Ist es klug, Häuser und Wohnungen dort zu errichten, wo die Wasserfluten von Meeren und Flüssen nicht reguliert werden können, wo dem Ausbruch von Vulkanen und den Gefahren von Erdbeben nicht wirksam Einhalt geboten werden kann? Haben wir genügend der technisch machbaren Warnsysteme installiert?

Wir müssen unsere Ehrfurcht vor dem Geheimnis der Natur und ihren unermesslichen gewaltigen Kräften vertiefen. Vielleicht brauchen wir auch Zonen der Distanz und Gürtel der Sicherheit für uns Menschen, die zugleich Zeichen unserer Ehrfurcht vor den Urgewalten der Natur sind.

Denen aber zu helfen, die in Not geraten sind, die durch den plötzlichen Ausbruch der unauslotbaren Kräfte der Natur ihre materielle Existenz verloren haben oder Schaden erlitten haben und die noch dazu oft ihre liebsten Menschen verabschieden müssen, ist Aufgabe eines jeden Menschen – je nach seinen Möglichkeiten –, der sich an den Gütern dieser Erde erfreuen darf.

© D. Fernando

Oben: Der Petersplatz in Rom im Vatikan. Sitz des Papstes, des Oberhaupts der Katholiken.

Unten: Peterskirche (San Pietro in Vaticano), die größte Kirche der Welt.

© D. Fernando

© petrus**werk**

Oben: Kruzifix. Symbol der Erlösung.

Unten: Katholische Kirche in Kalutara.

© Iranga Gunawardana

© Bernhard Kern

Oben: Katholische Kriche in Trincomalee.

Unten: Kinderheim in Indien (Madras).

© Pater Roberto Maria Pirastu OCD

© petruswerk

Christliche Standpunkte zum Tsunami

2. Pater Paul Weingartner, OCD

Tsunami – eine konzentrierte Naturkatastrophe

Wie durch eine Linse, welche die Lichtstrahlen auf einen kleinen Punkt konzentriert, richten Medien und durch sie Millionen Menschen ihren Blick für kurze Zeit auf ein Naturereignis mit tragischem Ausgang. Die Erde bebt, mit ihr das Meer, die Küstengebiete und ein letztes Mal über 250 000 Mitmenschen, die von den Fluten in das unvorstellbare Kräftemessen der Natur hineingezogen und dabei aus dem Leben gerissen wurden. Die Natur selbst hat unsere Werke, unsere Kräfte und menschliches Leben überflutet.

Nachdem uns eine Fülle von Berichten aus den Katastrophengebieten erreicht haben und diese Information eine Stellungnahme fordert, erleben wir uns auch als emotionell Mitbetroffene, denen jedes Heraushalten als Verstoß gegen die Menschlichkeit erscheinen muss.

So wie jeder Tod und jedes Leid aus der Flutkatastrophe zu viel ist, erscheint jede menschliche Hilfe als nicht ausreichend, soll nicht nur materieller Schaden behoben, sondern auch Heilung der psychischen Wunden von Hinterbliebenen, besonders der verwaisten Kinder möglich werden.

Die Natur hat verletzt – in der Kraft des Geistes vermögen Wunden zu heilen

Warum ein Gott der Liebe derart leidvolle Katastrophen zulassen kann, versuche ich mir damit zu erklären, dass unser physisches Leben aus der Natur kommt und wir dadurch an deren sehr schmerzvollen Veränderungs- und Entwicklungsprozessen teilnehmen.

Ohnmächtig und ohne Schutz stehen wir den geologischen Veränderungen, dem Seebeben und der großen Flut gegenüber. Wir sind aber nicht ohnmächtig, wenn es darum geht, menschliche Größe zu zeigen, solidarisch zu sein und einander durch wirksame Hilfe zu einem menschenwürdigen Leben – nicht nur bei Katastrophen – zu verhelfen. Mitgefühl und die daraus wirksame Solidarität zeugen davon, dass wir bei allem hinein Verwobensein in die Gesetze der Natur nicht nur aus ihr, sondern auch aus einem Geist leben, dessen Stärke und Wirkung durch Naturkräfte nicht eingegrenzt werden. In diesem Geist, welcher immer schon über der Urflut schwebte, finden wir uns wieder mit unserer Werdewelt, welche wir kraft dieses Geistes auch transzendieren.

Die Kräfte der Natur werden nicht von Dauer sein, wohl aber der ewige Geist Gottes, welcher Totes zum Leben erweckt.

Als Christen haben wir in Jesus einen Bruder, der, wie es im Hebräerbrief (2,15) der Heiligen Schrift heißt, als Gott Fleisch und Blut angenommen hat, um uns, die wir durch die Furcht vor dem Tod ein Leben lang der Knechtschaft verfallen wären, Befreiung zu schenken. Jesu Auferstehung lässt uns erkennen, dass Sterben und Tod nicht das Letzte, sondern Barrieren des menschlichen Vermögens sind. Gott jedoch, dem wir das Leben dieser Welt verdanken, vermag uns auch Leben für den Neuen Himmel und die Neue Erde zu schenken. Der Vater hat in der Kraft des Geistes seinen Sohn auferweckt. In diesem Geist kann die Angst und Wunde jedes menschlichen Todes geheilt werden. Auch wenn es nicht in unserer Macht liegt, Tote und Totes zum Leben zu erwecken, so kommt es uns als Abbilder und Kinder Gottes doch zu, uns auch für andere zu engagieren, das heißt Menschenleben zu retten, zu heilen und zu schützen.

Permanente, aber leicht vergessene Tragödien

Nachdenklich machen und motivieren muss auch die Tatsache einer verheerenden Flut, welche täglich ihre oftmals unbeachteten Opfer fordert. Dazu M. Fellinger, Chefredakteur der *Linzer Kirchenzeitung* (1. Januar 2005): »Nicht, um die Ausmaße der Katastrophe zu verniedlichen, sondern um die Dramatik zu verdeutlichen, soll noch an eine andere Zahl erinnert werden: 165 000 Menschen sterben auf der Welt im Durchschnitt innerhalb von knapp zwei Tagen – an Hunger. Sie fallen nicht der reißenden Flut zum Opfer. Sie sind Opfer einer schleichenden Flut von Problemen, die es weltweit zu lösen gilt. Ihr Sterben liegt nicht in einer Naturkatastrophe, sondern ist – zumindest in Teilen – in von Menschen gemachten Gründen zu suchen. Krieg, wirtschaftliche Ausbeutung, fehlende Solidarität… Wie gut ist es zu erleben, wie viele Menschen ihr Herz für die Opfer und Betroffenen öffnen. Jetzt braucht es auch ein Lockern der Strukturen, die Hunger und Tod verursachen. Große Flut oder schleichende Flut: es ist dasselbe Leid.«

Letztere schleichende Unheilsflut scheint medial unvergleichbar schwieriger kommunizierbar zu sein, ist sie doch viel komplexer und langwieriger, weil es zumeist um zwischenmenschliche Machtverhältnisse geht.

Geleitet von der Sehnsucht nach einer besseren Welt

Mögen sich bei menschlichen Leiden aller Art immer genug informierte und mutige Frauen und Männer finden, welche uns die Not bedrängter Mitmenschen nicht vergessen lassen, damit wir unsere Mittel und Kräfte für die Betroffenen einsetzen.

Wenn Information und Einfühlung uns erschüttern und Motivation und Kreativität in uns freigesetzt werden, dann mögen wir, geleitet und gestärkt vom Geist Gottes, wirksam unseren je persönlichen Anteil für eine gesündere und von Liebe geprägten Welt einbringen. Dafür bete und arbeite ich mit Ihnen.

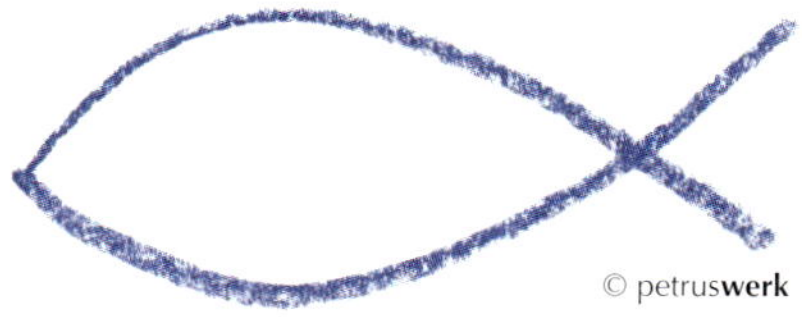

Der Fisch, Geheim- und Erkennungszeichen der frühen, verfolgten Christen. Das griechische Wort für »Fisch«: Ιχϑυς, lässt sich aus den Anfangsbuchstaben des Satzes: »Ιησους χριστος ϑεου υιος σωτηρ.« (Jesus Christus, Gottes Sohn, [der] Retter) zusammensetzen.

Meditation über einen Stein

Wenn wir die Bibel lesen, finden wir viele Aussagen über die Steine. »Ich sage euch: Wenn sie schweigen, werden die Steine schreien.« (Lk 19,40)

Bitte nimm den Stein in deine Hand und schaue ihn dir genau an. Betrachte die Größe, die Farbe. Schaue ihn von verschiedenen Seiten an. Schau dir den Stein in deiner Hand in Ruhe einige Minuten an.

Nun schließe deine Augen und fühle die Härte und die Glattheit des Steins. Wie fühlt er sich an?

Was sagt dir dieser Stein?
Bist du hart in deinen Gedanken, Worten und Taten?
Bitte höre auf deine innere Stimme. Nachdem du auf deine innere Stimme gehört hast, versuche mit dem Stein zu reden, der in deiner Hand ist. Kannst du mit dem Stein reden?

© Iranga Gunawardana

Buddhistischer Mönch während der Meditation – Kalutara.

Stein: Kennst du meine Lebensgeschichte?
Mensch: Nein, kannst du sie mir erzählen?
Stein: Stell dir vor, ich bin Millionen von Jahren alt und ich habe meine eigene Lebensgeschichte. Meine Lebensgeschichte beginnt mit der Entstehung der Erde.
Mensch: Wie bist du entstanden?
Stein: Wie bist du entstanden?
Mensch: Ich bin von meinen Eltern geboren worden, meine Eltern wurden von ihren Eltern geboren usw. ... Und mein Glaube sagt, Gott hat alle Menschen geschaffen.
Stein: So ist das! Derselbe Gott hat mich auch geschaffen. Alle Steine auf der Erde sollen schreien und es dir sagen. Wir beide haben eine besondere Aufgabe auf der Erde. Hast DU deine Aufgabe erfüllt, die Gott dir gegeben hat, um diese Welt friedlich, harmonisch und schön zu machen?
Mensch: Ich weiß nicht, was meine Aufgabe ist.
Stein: Wir haben unsere Aufgabe immer erfüllt. Zum Beispiel haben wir seit Beginn der Menschheitsgeschichte den Menschen geholfen, Häuser, Straßen, Brücken usw. zu bauen. So wie wir hast du heute deine Aufgabe zu helfen, eine neue Gesellschaft auf der Basis von Liebe und Frieden aufzubauen.
Mensch: Was ist meine konkrete Aufgabe?
Stein: Siehst du nicht deine Familie, deine Umgebung, die Welt? Überall bauen Menschen Mauern, sie bauen Mauern in sich selber, zwischen sich und zwischen anderen Menschen. Völker errichten Mauern zwischeneinander. Deine Aufgabe ist es, diese Mauern abzureißen! So kannst du helfen, eine neue Gesellschaft auf der Basis von Liebe und Frieden aufzubauen.

Die Steine in unseren Händen und alle Steine auf der Erde schreien und sagen uns: »Achtet auf eure Gedanken, Worte und Taten. Wahre Gedanken bewirken wahre Worte und Taten, die euch helfen, eine bessere Welt ohne Krieg, Rassismus und Ungerechtigkeit zu schaffen.«

© petruswerk

akg-images/Paul Almasy

Colombo (Sri Lanka), Moschee, Außenansicht, 1962 (?)

Islam

Der Islam ist heute nach dem Christentum die zweitgrößte Religionsgemeinschaft. Dem Islam gehören etwa 1,2 Mrd. Menschen an. In Sri Lanka sind rund 8% der Bevölkerung Muslime.

Das Leben des Muhammad

Abu l-Qasim ibn Abdallah Muhammad wird um 571 n. Chr. als Sohn des Abdallah und der Amina bint Wahb geboren. Er stammt aus dem Geschlecht der Banu Haschim, die Kaufleute waren. Muhammads Vater stirbt noch vor seiner Geburt, seine Mutter stirbt, als er noch ein Kind ist. So wird Muhammad zunächst von seinem Großvater und später von seinem Onkel aufgezogen. Mit 25 Jahren heiratet er die wohlhabende Kaufmannswitwe Khadija bint Huwaylid. Mit ihr hat er vier Töchter und drei Söhne. Die Söhne sterben schon im Kindesalter. Um das Jahr 610 beginnt er mit der Verkündigung des Islam, nachdem er in einer Höhle am Berg Hira bei Mekka eine Offenbarung durch den Engel Gabriel hatte.

Muhammads früheste Verkündigungen konzentrieren sich vor allem auf die Einzigartigkeit Gottes und auf die Warnung vor dem Jüngsten Gericht. Die Warnung gilt insbesondere dem animistischen Polytheismus seiner Landsleute, der zu dieser Zeit sehr verbreitet ist.

Muhammad stößt in seiner Heimat Mekka auf Ablehnung, Widerstand und erbitterte Gegnerschaft. Daher zieht er 622 mit seinen Anhängern nach Medina, wo er seine erste Gemeinde gründet, den Islam verkündet und seine Stellung als anerkannter religiöser Führer festigt.

Im Jahr 630 greift Muhammad mit seinen Anhängern Mekka an, erobert die Stadt und bekehrt gewaltsam die Bewohner zum Monotheismus und zum Islam.

Die Ka'aba (heute: Schrein zu Ehren Allahs) ist ein zentraler Ort in der heiligen Stadt Mekka. Es handelt sich um ein steinernes Gebäude mit einem schwarzen Stein in seiner Mitte (vermutlich ein Meteorit aus vorislamischer Zeit). Bereits damals könnte dieser Ort ein Zentrum für den vorislamischen Polytheismus gewesen sein. Muhammad widmet die Ka'aba um. Sie wird zum wichtigsten Wallfahrtsort für Pilger der gesamten islamischen Welt. Nur wenige Monate vor seinem Tod im Jahre 632 unternimmt er selbst eine Wallfahrt nach Mekka.

Muhammad stirbt am 8. Juni 632, ohne seine Nachfolge geregelt zu haben. Das führt zur Spaltung der Muslimgemeinde: in Sunniten, Schiiten und Haridjiten. Unter den ersten vier Kalifen erfährt der Islam eine enorme territoriale Ausdehnung. Das Reich des islamischen Glaubens umfasst Byzanz, Persien, Irak, Syrien, Palästina, Ägypten und Nordafrika.

Grundzüge des Glaubens

Das arabische Wort für Gott, »Allah«, ist bereits im vorislamischen Arabien der Name einer Gottheit. Auch die arabischen Christen nennen ihren Gott »Allah«.

Gott ist der allmächtige Schöpfer des Himmels, der Erde, der Menschen, der Tiere sowie der Geister und Engel. Am Jüngsten Tag wird Gott Richter aller Menschen sein. Gott ist verborgen, ein Geheimnis, in keiner Hinsicht seinen Geschöpfen ähnlich. Der Mensch erfährt Gottes Nähe durch seine Fürsorge und Güte. Gott ist einzigartig und unvergleichlich. Gottes herausragendste Eigenschaften sind seine Güte und Gnade. Für den Gläubigen ist Gott ein Wohltäter; den Ungläubigen wird er strafen. Dabei ist es nicht der Mensch, der sich für Glauben und Unglauben entscheidet. Gott allein beschenkt die Menschen mit Glauben oder Unglauben.

Der Mensch soll sein Leben im Diesseits verantwortlich in der Gewissheit des kommenden Jüngsten Gerichtes gestalten. Der Mensch untersteht Gott als dessen Diener und Sklave, dem er Anbetung, Dank und Verehrung schuldet.

Götter und Dämonen

Infolge seines rigiden Monotheismus verbietet und verurteilt der Islam den Glauben an jegliche Gottheit neben Gott. Der animistische Polytheismus der vorislamischen Zeit wird als »Zeit der Unwissenheit« bezeichnet.

Der Glaube an Götter sowie die Verehrung von Geistern und Dämonen waren auf der arabischen Halbinsel weit verbreitet. Götter wurden in Steinen, Bäumen oder Flüs-

Das Glaubensbekenntnis und die fünf Säulen des Islams

Der Glaube ist in erster Linie die Anerkennung des alleinigen und ewigen Gottes. Der Glaube drückt sich in der Beachtung der »fünf Säulen« des Islams aus:

Das Glaubensbekenntnis, die erste der »fünf Säulen«, lautet: »*Ich bezeuge, es gibt keinen Gott außer Allah, und ich bezeuge Muhammad ist sein Prophet.*«

Das Gebet ist die zweite Säule des Glaubens.

Das Fasten ist die dritte Säule des Glaubens: Durch das 30tägige Fasten im Monat Ramadan von Sonnenaufgang bis Sonnenuntergang gedenkt der Gläubige der Herabsendung des Korans, der heiligen Schrift.

Almosen sind die vierte Säule des Glaubens: die Abgabe von Almosen an Arme und Bedürftige ist eine Pflicht. Sie dient der Festigung der Gemeinde durch Unterstützung der Armen und Mittellosen.

Die Pilgerfahrt nach Mekka ist die fünfte Säule des Glaubens: Jeder Gläubige sollte mindestens einmal in seinem Leben nach Mekka pilgern.

sen verehrt. Seher, Wahrsager und Priester standen mit den Geistern und Dämonen der Bäume und Tiere in Verbindung. Sie konnten Gutes bewirken und auch Schutzzauber auferlegen.

Muhammad stellt den Götterglauben als Unglauben und Götzendienst und somit als die schlimmste Form der Sünde dar, die mit Gottes Zorn bestraft wird.

Der Koran

Das heilige Buch der Muslime, der »edle Koran«, ist Gotteswort, präexistent und ewig gültig – das vollkommene Gesetz. Er wird in 114 Suren und 6200 Verse unterteilt. Nach muslimischer Auffassung ist er die wortgetreue Abschrift der im Himmel aufbewahrten Uroffenbarung, die Muhammad durch den Engel Gabriel in Einzeloffenbarungen übermittelt wurde.

Das Wort Koran (arabisch: qur'an) wird abgeleitet von qara'a (er las, er trug vor, er rezitierte). Die Erstellung des einheitlichen Korantextes wird dem dritten Kalifen, Uthman, um 650 zugeschrieben. Eine weitere wichtige Schrift der Muslime ist die Hadith, die Überlieferung, welche die Gewohnheiten (Sunna) und das Leben Muhammads beschreibt. Hier ist festgehalten, welches Verhalten Muhammad für gut und welches er für schlecht befindet. Diese Überlieferung enthält ferner Details zu den religiösen Pflichten eines Muslim, das Ehe- und Familienrecht und Regeln des gesellschaftlichen Umgangs. Zusammen mit dem Koran bildet sie Grundlage für die Scharia (arabisch: Weg), das Gesetz des Islam. Die Hadith wurde im neunten und zehnten Jahrhundert aus vielen Einzelquellen zusammengestellt.

Betende Muslime in Sri Lanka.

FRÜHE BAUKUNST SRI LANKAS

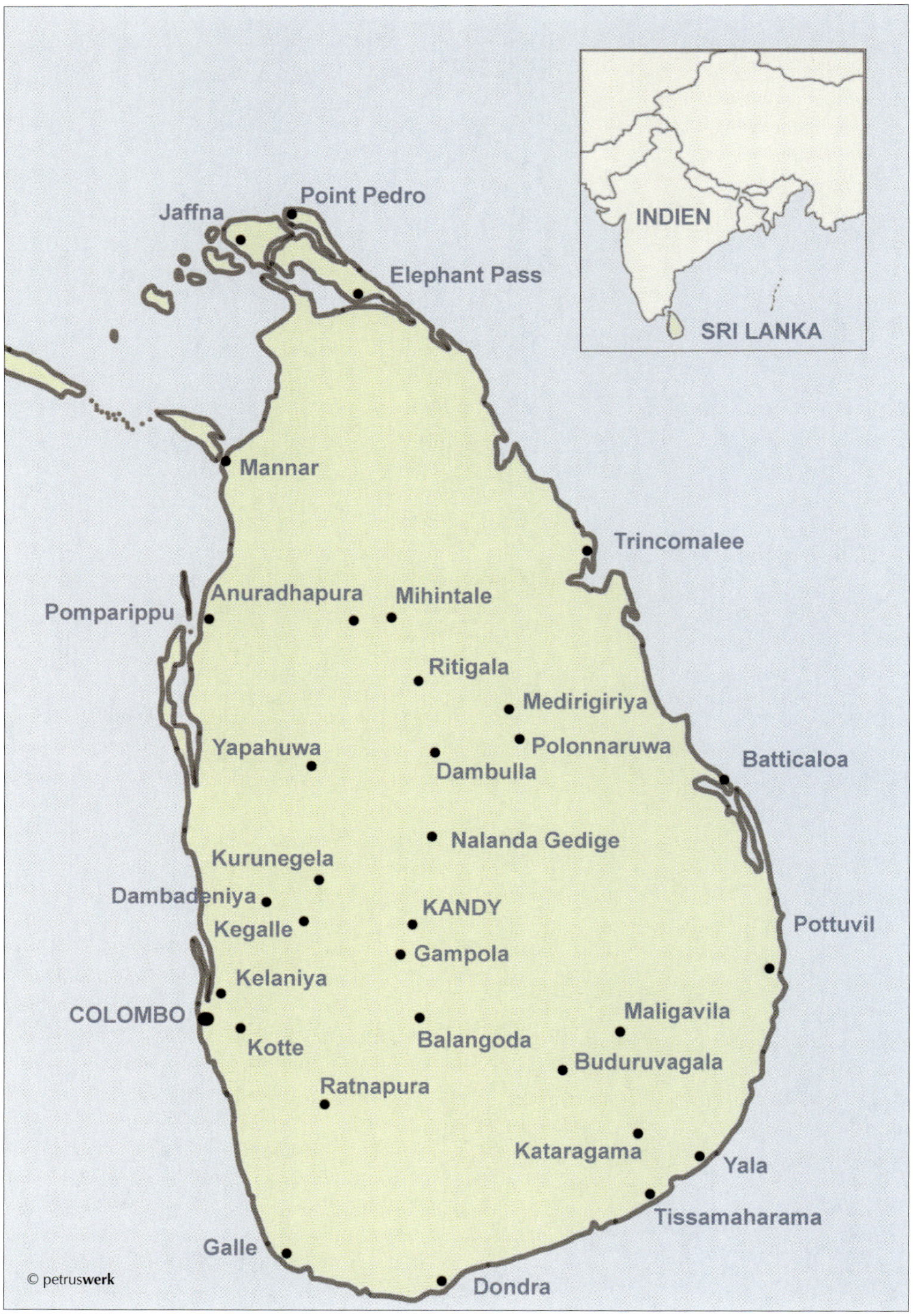

Übersichtskarte mit den historischen und den aktuell wichtigsten Zentren auf Sri Lanka.

Nächste Seite links:	*Dagoba im Zentrum der Klosteranlage* Abhayagiri Vihara. Die hier sichtbaren Restaurierungsarbeiten wurden bereits vor Jahren begonnen und mussten während der Bürgerkriegswirren unterbrochen werden.
Nächste Seite rechts:	*Samadhi-Buddha – »Buddha in tiefer Meditation«. Aus dem dritten Jahrhundert n. Chr., nahe der Klosteranlage* Abhayagiri Vihara.

Das Kulturdreieck – »The cultural triangle«

Mit dem Beginn des Tourismus wird sich Sri Lanka seines großen baugeschichtlichen Erbes bewusst. 1980 wird ein durch die UNESCO finanziertes Projekt mit dem Namen »the cultural triangle« gestartet. Hierbei handelt es sich um sechs Ausgrabungsstätte, an historisch bedeutsamen Orten wie Anuradhapura, Polonnaruwa, Sigiriya, Dambulla und Kandy.

- Abhayagiri Vihara – Klosteranlage aus der Zeit 89–77 v. Chr. in Anuradhapura
- Jetavanarama – Dagoba und Klosteranlage 276–303 n.Chr. in Anuradhapura
- Alahana Pirivena – Klosteranlage aus dem 12. Jhd. n. Chr. in Polonnaruwa
- Sigiriya – Felsenfestung und Wassergärten aus dem 5. Jhd. n. Chr.
- Dambulla – Klosteranlage aus dem 3. Jhd. v. Chr. mit den Höhlenmalereien aus dem 18. und 19. Jahrhundert.
- Kandy – Hauptstadt und letztes Königreich in den Bergen – eine lebendige Stadt.

Architektur und Bauelemente des Buddhismus

Generell gilt für Sri Lanka, dass Architektur und Baukunst bis ins 19. Jahrhundert eng mit der Religion verbunden sind. Die größten und prächtigsten Bauten wurden den Göttern gewidmet. Darüber hinaus sind heute Königspaläste, Militäranlagen und einige öffentliche Bauten aus der klassischen Zeit erhalten. Die Häuser der einfachen Bevölkerung wurden im wesentlichen aus vergänglichen Baustoffen wie Holz gebaut. Ziegeldächer und Kalkwände waren religiösen und königlichen Gebäuden vorbehalten.

Kloster- und Tempelanlagen, Königspaläste, Festungen und Zitadellen wurden im allgemeinen aus Ziegelstein gebaut. Gründung und Bau der Fundamente wurden sorgfältig vorbereitet und ausgeführt. Das Ziegelmauerwerk der aufgehenden Bauteile wurde sorgsam miteinander verzahnt und mit nur geringem Fugenanteil gemauert. Als Schutz vor Witterungseinflüssen wurde außenseitig ein harter »betonartiger« Putz aufgebracht.

Dagoba – in Indien *stupa* genannt – ist ein Tempel innerhalb einer Klosteranlage zu Ehren Buddhas. Die Architektur der Dagoba wurde aus Nordindien übernommen.

Die Dagoba (*pali: dhatugabba* = Reliquarium) war in ihrer Urform ein Erdhügel, auf dem ein Holzmast errichtet wurde. Der Mast versinnbildlicht die Achse des Universums. Ein Steinwall um das Fundament verhindert das Auswaschen des Erdwalls. Um den Mast herum wurde eine viereckige Palisade errichtet.

In den ersten Dagobas wurden Gegenstände abgelegt, die man verehrte, da sie mit Buddha in Verbindung gebracht wurden. Von den ersten Dagobas gibt es in Sri Lanka keine Zeugnisse mehr. Sie wurden von den Baumeistern der Höfe immer wieder vergrößert. Die ersten Dagobas aus Ziegelstein wurden im zweiten Jahrhundert v. Chr. errichtet.

Die Jetavanarama-Dagoba aus dem dritten und vierten Jahrhundert n. Chr. bildet den Höhepunkt dieser großartigen Baukunst der Singhalesen. Dieser Bau ist mit 120 Meter Durchmesser das größte Ziegelbauwerk der Welt, vergleichbar in seinen Ausmaßen mit der großen Cheops-Pyramide in Ägypten.

Die heutige Dagoba ist das Ergebnis einer langen architektonischen und religiösen Entwicklung: eine Sockelplatte bildet das Fundament. Darauf befinden sich drei ringförmigen Stufen, auf denen die halbkugelförmige Kuppel ruht. Auf der Kuppel befindet sich ein kubischer Aufsatz, der in acht Ringen und einer Spitze endet.

Der buddhistische Gedanke, der dieser Architektur zugrunde liegt, erschließt sich wie folgt:

- das Fundament und die Sockelplatte stehen für *Vertrauen*;
- die drei stufenförmigen Ringe symbolisieren die drei Zufluchten; Buddha, *dhamma* (Lehre) und *sangha* (Gemeinde);
- die Kuppel ist Symbol für die buddhistische Kirche;
- der kubische Aufbau versinnbildlicht die vier edlen Wahrheiten: Leiden, die Entstehung von Leiden, die Befreiung von Leiden und der Pfad, der zur Befreiung von Leiden führt;
- die acht Ringe symbolisieren den *Achtfachen Pfad*, die Grundlage der buddhistischen Ethik: rechte Erkenntnis und Gesinnung, rechte Rede, Tat und Lebenserwerb, rechte Anstrengung, Achtsamkeit und Sammlung
- die Spitze symbolisiert das *nirvana (pal: nibbana)*;

Die Formen der Dagoba werden in glocken-

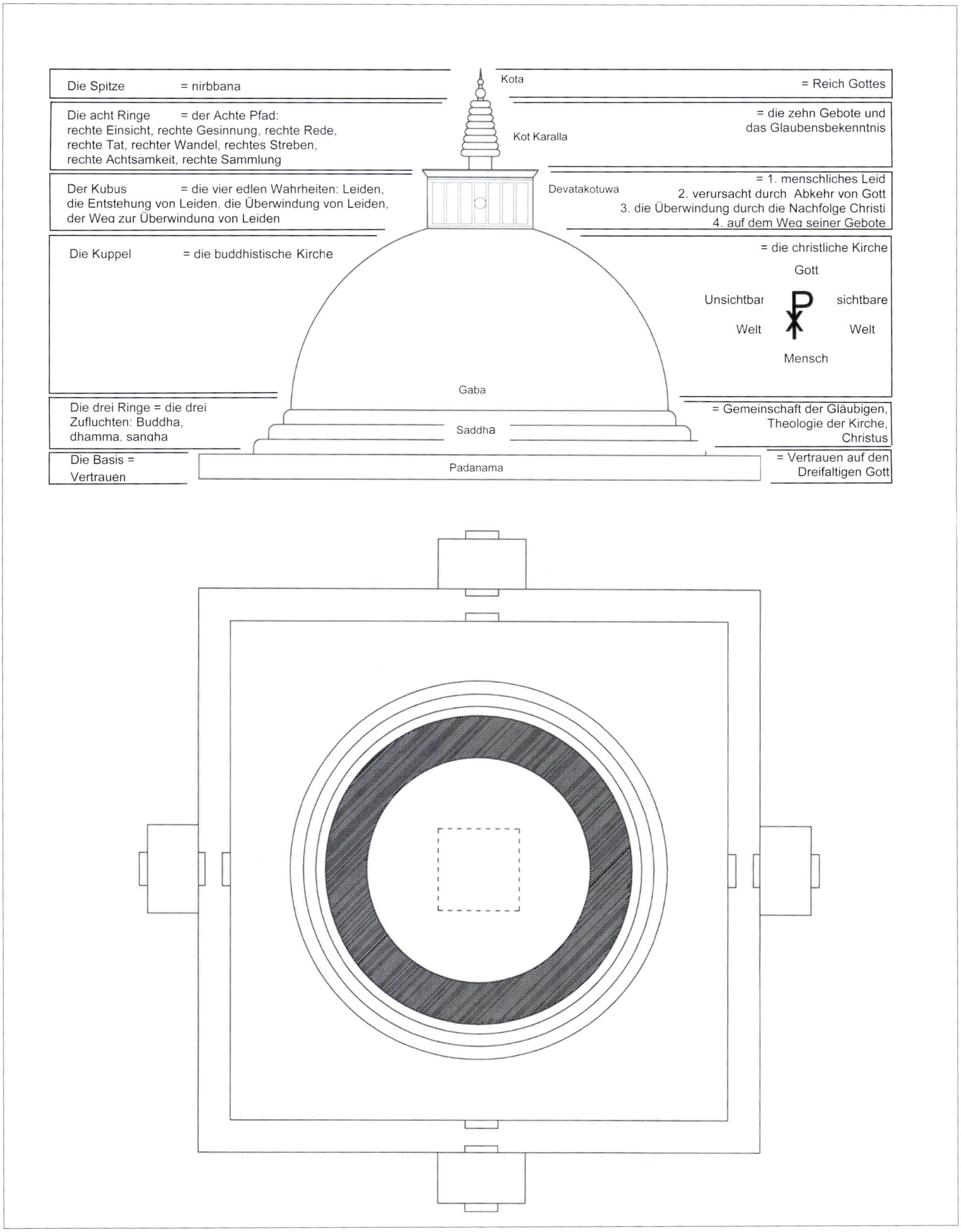
Die Spitze = nirbbana
Kota
= Reich Gottes
Die acht Ringe = der Achte Pfad: rechte Einsicht, rechte Gesinnung, rechte Rede, rechte Tat, rechter Wandel, rechtes Streben, rechte Achtsamkeit, rechte Sammlung
Kot Karalla
= die zehn Gebote und das Glaubensbekenntnis
Der Kubus = die vier edlen Wahrheiten: Leiden, die Entstehung von Leiden, die Überwindung von Leiden, der Weg zur Überwindung von Leiden
Devatakotuwa
= 1. menschliches Leid 2. verursacht durch Abkehr von Gott 3. die Überwindung durch die Nachfolge Christi 4. auf dem Weg seiner Gebote
Die Kuppel = die buddhistische Kirche
= die christliche Kirche
Gott
Unsichtbar
sichtbare
Welt
Welt
Mensch
Gaba
Die drei Ringe = die drei Zufluchten: Buddha, dhamma, sangha
Saddha
= Gemeinschaft der Gläubigen, Theologie der Kirche, Christus
Die Basis = Vertrauen
Padanama
= Vertrauen auf den Dreifaltigen Gott

förmig, blasenförmig oder lotus-blumenförmig unterschieden.

In Indien baute man um die kleinen Dagobas einen Rundbau (*vatadage*), dessen Dach von zwei- oder dreireihigen Säulenkreisen getragen wird. Der Turm der Dagoba gipfelt somit in einer zentralen Kuppel. Die bekannteste Vatadage kann man heute in Polonnaruwa sehen, wo von den inneren Säulenringen noch je eine erhalten ist. Weitere architektonische Elemente der Klosteranlagen sind Walhalkada (Altäre), die an den vier Achspunkten der Dagobas errichtet wurden; Walhalkada findet man insbesondere in Bauten der frühen Anuradhapura-Periode.

Der Mondstein ist ein eigenständiges Element der Bildhauerei. Die halbrunden Granit- oder Gneisblöcke wurden mit Ornamenten, Tieren und Pflanzen, die von symbolischer Bedeutung sind, reich verziert.

Foto: akg-images

Ruwanweliseya Dagoba in Anuradhapura, begonnen 161 v. Chr. unter König Dutugemunu. Im 19. Jahrhundert restauriert.

Nächste Seite: Jetavana-Kloster (gegr. im dritten Jahrhundert) in Anuradhapura. Im Hintergrund die weiße Ruwanweliseya-Dagoba.

Übernächste Seiten: Thuparama Dagoba. Erbaut 276 v. Chr. zur Aufbewahrung des Schlüsselbeins Buddhas. Seit dem 19. Jahrhundert nach umfangreichen Restaurierungsarbeiten wiederhergestellt.

Mihinthale

Mihinthale – »der Berg Mahinda« – ist der Ort, an dem im Jahr 247 v. Chr., Mahinda, Sohn König Asokas, dem König Devanampiya Tissa erschienen war. Mahinda bekehrte den König zum Buddhismus. Dies sind die Anfänge des Buddhismus in Sri Lanka.

Es handelt sich um ein Felsmassiv welches aus vier Hügeln besteht. Bereits im zweiten Jahrhundert v. Chr. wurde der Ort zu einer Klosterstadt ausgebaut.

Drei Treppenfluchten führen zum Gipfel. Am Ende der ersten Treppenflucht befinden sich die Reste einer Dagoba aus dem zweiten Jahrhundert v. Chr., eines der ältesten religiösen Monumente Sri Lankas, die im Rahmen von Ausgrabungsarbeiten bereits 1934 freigelegt wurden. Heute sind nur noch die Basis und drei stufenartige Ebenen erhalten. Die Mauerwerkskuppel ist abgetragen. Die Stirnseiten der vier Kardinalpunkte sind mit symbolischen Mustern und Friesen verziert. Am zweiten Treppenabschnitt befinden sich die Reste einer ehemaligen Klosteranlage. Die dritte Treppenflucht führt zum Gipfel des Felsenhügels. Hier steht auf einem Plateau die Ambasthala-Dagoba. Die Dagoba wurde vermutlich kurz nach dem Tod Königs Devanampiya Tissa gebaut und im dritten Jahrhundert n. Chr. im Stil einer Vatadage (Rundtempel) umgebaut.

Gipfel des Felsenhügels; im Vordergrund das Plateau mit der Ambasthala-Dagoba.

© Bernhard Kern

Anuradhapura

Anuradhapura war die größte Klosterstadt der antiken Welt. Nördlich des Zentrums liegt die von König Vattagamini um 88 v. Chr. gegründete Klosteranlage Abhayagiri. Sie beherbergte einst über 5000 Mönche. Die Anlage besteht aus einem äußeren Bereich mit Wohnungen, Refektorium und Badehäusern sowie einem inneren Bereich mit religiösen Hallen, dem Bodhi-Baum und der Dagoba. Im Zentrum der Altstadt von Anuradhapura steht die Ruwanweliseya Dagoba, welche von König Dutugemunu gegründet wurde. Nördlich davon befindet sich die kleineren Thuparama-Dagobas, die im 19. Jahrhundert aufwendig restauriert wurden. Östlich der Ruwanweliseya-Dagoba steht die gewaltige Jetawanarama-Dagoba. Es ist die größte Dagoba in Anuradhapura.

Foto: akg-images

Foto: akg-images

Die Vatadage, der Rundtempel im »Viereck«.

Polonnaruwa

Das Zentrum der historischen Stadt, die Terrasse der Zahnreliquie, war ein geheiligter Bezirk mit zwölf herausragenden Bauwerken. Dieser Bezirk wird heute das »Viereck« (»Quadrangle«) genannt.

Im Viereck befindet sich unter anderem:

- die vatadage – der Rundtempel,
- das Thuparama – das Bilderhaus,
- die Lata Mandapaya – die Blumenhalle,
- der Atadage – der ursprüngliche Tempel für die Zahnreliquie,
- der Hatadage – der Tempel für die Zahnreliquie,
- die Gal Potha – eine Steinplatte mit Inschriften,
- das Sathmahal Pasada – das siebenstöckige Gebäude.

Außerhalb des Vierecks, in nördlicher Richtung, liegen weitere buddhistische und hinduistische Tempel und Klosteranlagen, wie:

- das Klostergelände Alahana Pirivena
- die Tempelanlage Rankot Vihara
- das Bilderhaus Lankatilaka
- die Tempelanlage Kiri Vihara und
- die Felsenskulpturen von Gal Vihara

Südlich des Vierecks befindet sich der königliche Palast *Vejayanta Pasada*.

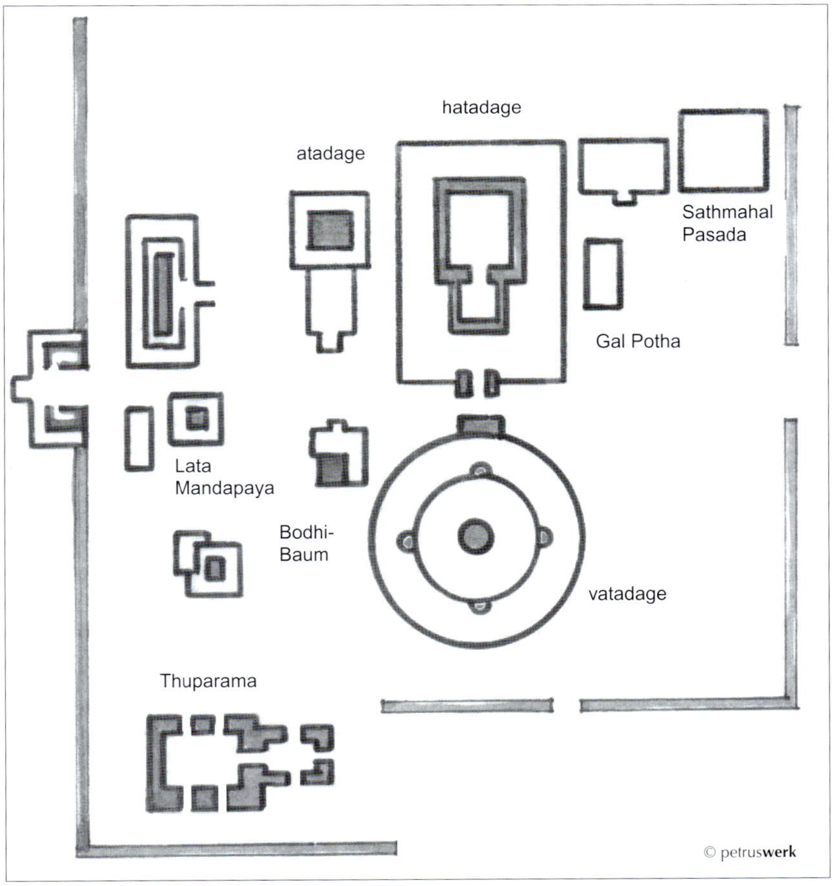

Thuparama – Bilderhaus im Viereck.

Atadage – der ursprüngliche Tempel der Zahnreliquie.

Hatadage – der Tempel der Zahnreliquie.

Sathmahal Pasada – das siebenstöckige Gebäude im »Viereck«.

Außerhalb des »Vierecks« in nördlicher Richtung, die Tempelanlage Kiri Vihara.

Sigiriya

Die Anlage wurde von König Kasiyapa (im fünften Jahrhundert) gegründet. Sie besteht aus dem Palast auf einem Felsen, der sich 180 Meter über die umliegende Ebene erhebt, und den in der Ebene angelegten Wasser-, Stein- und Terrassengärten. Der Wassergarten umfasst geometrisch angelegte Wasserläufe, Springbrunnen, Bäder und Teiche, die von einem Wall umschlossen sind. Der Steingarten im Kontrast zum geometrisch angrenzenden Wassergarten, besteht aus malerischen Steinen verschiedener Größe, um die sich steinerne Pfade schlängeln.

Dem Steingarten folgen die Terrassengärten, welche durch Bruchsteinmauern abgestützt werden.

Die Felsenfestung Sigiriya erhebt sich rund 180 Meter über die Ebene.

Sigiriya.

Der Wassergarten umfasst geometrisch angelegte Wasserläufe, Springbrunnen und Teiche.

Dambulla

Dambulla ist eine Klosteranlage aus dem dritten Jahrhundert v. Chr. Dabei handelt es sich um fünf Höhlen, die durch einen mächtigen, überhängenden Fels geschützt und trockengehalten werden. Die Vorbauten zu diesen Höhlen bestehen aus Fensterbögen, Säulen sowie Torgiebeln und wurden erst 1938 gebaut. Die Decken der Höhlen sind mit religiösen Motiven bemalt. Die Malerein zeigen zahlreiche Götter und Göttinnen, sowie Buddha-Figuren.

Dambulla, Klosteranlage aus dem dritten Jahrhundert v. Chr. Die Vorbauten wurden erst 1938 gebaut.

Dambulla – die Decken der Höhlen sind mit Buddha-Motiven bemalt.

Kandy

Kandy – Hauptstadt und letzte Königsstadt Sri Lankas. Neben dem königlichen Palastkomplex steht hier der Tempel der Zahnreliquie. Der Palastbereich umfaßt den Palast des Königs, den Palast der Königin, die Audienzhalle, das Badehaus und den mittlerweile zerstörten Sommerpalast auf einer Insel im Kandysee.

Zu Ehren der Zahnreliquie finden jedes Jahr in den Monaten Juli und August, festliche Prozessionen mit prächtig geschmückten Elefanten, kostümierten Tänzern und Trommlern statt.

Kandy – der Tempel der Zahnreliquie.

Kandy – der Tempel der Zahnreliquie.

Königspalast in Kandy von der Seeseite aus gesehen.

DIE GESCHICHTE SRI LANKAS

INS. CEILAN quæ incolis Tenarisin dicitur
Reino de Triquilemale
Alepane matos
Semapane
Nanema palne matos
A quí comadera
matos desiertos
Terra Raza edenatos
Lugar das patarros matos
Matos de: siertos
Tanques
Fortaleza
Palmares
Reino de Jafanapatam
Ligares
Tanques den debenen elefantos
Tanques
Reino daßecorolas
I grande
I das Cabras
de Pedras de vazar
A quí a pedras de vazar
dos forcados
Tanques por vever Elefantes
Camino id est via regia
DESERTUM
Saida de altiga norcalabria
das Vacas
Tanques
Desierto por doenca
Desertos por todo
Camino
A quí comença aver Cane e Madera
Limites de Manar
Patalaon
Chilao
Alcoram Manar
Grudemalle
Povoasam
I. Cardiva

P. de Batecalon
Enseada dos meros
matos
Leucæ Hispanicæ 1 2 3 4 5 6 7
Milliaria Germanica 1 2 3 4 5 6
Lodo Ematos
Reino de Baticalon
Capelo de Frade
Oncattory
Baxos de Batecalon
Candea
Este Rio es intravel po la muytamadera que o colire
Viado
Niguritti
Reino da Fala deserto et despovado a 300. annos por sir doentio
Nivale
Vigamme
Serras de Cristal
Tangel
A qui a Trigo e Cardamome
Vvam
qui a Pedreria
A qui a da Pedreria
Vendro
Reino de Candea
Candea
Matapetti
Desertos intratables
V. Palao
Ganiattany
Ballene
Altanor
Serra de Ferro
Pico de Adam
Ato da Pedreria
Manieraticate
Prisam
Dively
Ceilan hujus insulæ descriptionem, à Cypriano Sanchez cosmographo Hispano delineatam, huic nostro operi inserendam, dedit Clarissimus vir Petrus Plancius.
Da qui avante todo e deserto
Grovenelle
Fortaleza
A qui a Zafiras
Polanda
Fortaleza
Ceita abaca
Reino
Tanonare
Grovabeli
Bilgaon
Malevaeno
Taranqueira demapitam
Calale
Acota
Imperio de Cota
Colute
Alican
Totagan
Derberin
Beliote
Negumbo
Colombo
Rio Totagan
ui travenare todo nela et Palmares ymbernos es guoas pol a

Gal Vihara – diese Buddhastatuen gehören zu den bekanntesten Kunstwerken Polonnaruwas. Die oben abgebildeten Statuen gehören zu einer Vierergruppe von Buddhas, die Mitte des 12. Jahrhundert König Parakramabahu I. aus Granitfels hauen bzw. in einer Höhle einmeißeln ließ. Hier stehender Buddha mit verschränkten Armen und ruhender Buddha, der gerade ins Parinirvana eingeht.

Vorangehende Doppelseite: »Ins(ula) CEILAN, Landkarte der Insel Ceylon, Kupferstich koloriert 1606 aus einem Atlas von Jodocus Hondius (1563–1611) und Gerhard Mercator (1512–1594). London British Library.

Foto: akg-images/British Library

Die Geschichte Sri Lankas

Geschichtlicher Überblick

Im fünften Jahrhundert v. Chr. beginnen buddhistische Mönche mit der Niederschrift des *mahavamsa*, das zusammen mit seiner Fortsetzung *culavamsa* die älteste Quelle der geschichtlichen Überlieferung Sri Lankas darstellt.

Die frühe Geschichte des Landes ist eine Geschichte von Dynastien. Sie reicht in ferne Vergangenheit zurück, wo Geschichte und Mythen miteinander verschmolzen sind.

Die Geschichte beginnt mit der Ankunft des Prinzen Vijaya auf der Insel im Jahr 483 v. Chr., am Todestag Buddhas. Prinz Vijaya, Sohn des Königs Sinhabahu, ist ein Abkömmling der singhalesischen Königsfamilie.

Die Singhalesen (»singha« = singhalesisch: Löwe) sind vermutlich ein indoarisches Volk, das aus Nordindien kommt. Die Singhalesen siedeln in den Flusstälern des Tieflands. Sie sind jedoch nicht die ersten Siedler auf Sri Lanka. Die Chronik erwähnt zwei Stämme: die *yaksas* und die

Der meditierende Buddha aus der oben links abgebildeten und beschriebenen Gruppe.

Ankunft des Bo-Baums aus Gaya/Indien in Sri Lanka. Der Ableger des Bo-Baums wird von Sanghamitta, Tochter des Königs Asoka, überbracht. Malerei von Soliyas Mendis (1897–1975), entstanden zwischen 1932 und 1946. Bilderhaus des Klosters Rajamahavihara in Kelania.

Umseitig, links: *Sri Maha Bodhi, »heiliger Bodhi-Baum«. Seit dem 3. Jahrhundert v. Chr. in Anuradhapura. Gebetsfähnchen und Blumenopfer auf der Mauer vor dem Baum.*

Umseitig rechts: *Ruwanweliseya Dagoba, Baubeginn 161 v. Chr. unter König Dutugemunu, Anuradhapura.*

nagas, Dämonen und Schlangenanbeter. Sie leben im Inselinneren, im undurchdringlichen Dschungel. Die Veddhas, ein Stamm aus der Steinzeit, leben noch heute dort. Es wird vermutet, dass deren Vorfahren die *yaksas* und *nagas* sind.

In den ersten zwei Jahrhunderten nach Buddhas Tod, im Jahr 483 v. Chr. findet seine Lehre vom »Mittleren Pfad« wenig Anklang. Erst mit dem indischen Kaiser Asoka, der buddhistische Mönche bis nach Griechenland, Ägypten und Syrien schickt, werden die Lehren Buddhas verbreitet. Kaiser Asoka überträgt die Mission zur Bekehrung der Menschen auf Sri Lanka seinem Sohn Mahinda, der an den Hof des Königs Devanampiya Tissa nach Anuradhapura reist. Anuradhapura wird die größte Klosterstadt der antiken Welt. In ihrer Blütezeit leben hier Tausende von Mönchen in Klöstern, die von unzähligen Laien unterstützt werden. Anuradhapura wird 250 v. Ch. Hauptstadt der Insel.

Zwei bedeutende Ereignisse wirken sich bis heute auf die buddhistische Glaubenspraxis in Sri Lanka aus. Noch während Mahinda in Anuradhapura lebt, lässt König Asoka einen Ableger des Bo-Baums, unter dem Buddha erleuchtet wurde, durch seine Tochter, Sanghamitta, in die Tempelstadt bringen. Der Ableger wird in einem Garten eingepflanzt. Da der ursprüngliche Stammbaum heute nicht mehr existiert, ist dieser Baum zu einem der bedeutendsten heiligen Objekte des Buddhismus geworden.

Im vierten Jahrhundert n. Chr. wird die Zahnreliquie Buddhas nach Sri Lanka gebracht. Zusammen mit der Almosenschale

Die Abhayagiri Dagoba in Anuradhapura.

Foto: akg-images

des Buddha ist sie Symbol für Stärke und Unabhängigkeit der Singhalesen. Beide Reliquien sind heute in Kandy. Bereits seit dem dritten Jahrhundert siedeln Tamilen im Osten der Insel. Diese zweite Bevölkerungsgruppe aus Südindien ist drawidischen Ursprungs. Sri Lanka ist bereits in seiner Frühzeit ein Vielvölkerland.

Die Stadt Anuradhapura wird oft umkämpft. 772 n. Ch. wird sie zerstört, zeitweise aufgegeben und später wieder aufgebaut. 1073 wird die Hauptstadt dann endgültig nach Polonnaruwa verlegt.

Von 1153 bis 1186 herrscht König Parakramabahu I. Während seiner Herrschaft werden in Polonnaruwa die bedeutendsten öffentlichen und religiösen Gebäude erbaut.

In der Folgezeit wechseln die Hauptstädte mehrfach. Die größte Einwanderungswelle aus Indien erfolgt im zehnten Jahrhundert. Der Zerfall des Landes in mehrere Königreiche lässt Sri Lanka später zu einer leichten Beute für die Europäer werden. Die Singhalesen regieren die Insel von Kandy aus, während die zunehmende Zahl der Tamilen sich selbst in einem unabhängigen Königreich mit Zentrum in Jaffna verwalten.

1505 landen die Portugiesen auf der Insel. In der Zeit von 1554 bis 1593 beherrscht noch König Rajasingha I. aus Jaffna fast die ganze Insel. Nach einem knappen Jahrhundert der Machtkämpfe wird die gesamte Insel von Portugal regiert, mit Ausnahme von Kandy. Der Name »Kandy« wird von dem singhalesischen Wort »kande« für »Berg« abgeleitet. Das schwer zugängliche Bergland um Kandy erweist sich für die Portugiesen als uneinnehmbar. Undurchdringlicher Dschungel, steile Abgründe und reißende Flüsse bilden einen natürlichen Schutzschild gegen Feinde.

1656 werden die Portugiesen durch die Holländer vertrieben. Die letzten Portugiesen halten sich bis 1658 in Jaffna. Das größte Interesse der Holländer gilt dem Export von Zimt, Perlen und Salz. Die Holländer verlan-

»Vatadage« – Reliquienhaus im »Viereck« im Zentrum von Polonnaruwa. Dieser Rundbau ist wahrscheinlich das älteste Bauwerk Polonnaruwas und entstand vermutlich 700 Jahre, bevor Polonnaruwa Hauptstadt wurde. Im Zentrum der Vatadage, die ursprünglich ein konisches Dach bedeckte, stehen die Reste einer Dagoba. Sie wird von vier Buddhastatuen umringt, die in die vier Himmelsrichtungen blicken.

Sri Lanka wird von den Portugiesen beherrscht. Ganz Sri Lanka? Kandy, dessen Name sich von »Kande«, »Berg« ableitet, bleibt unbesetzt.
Im Vordergrund der Zahntempel am Kandy-See.

Undurchdringlicher Dschungel, steile Abgründe und Schluchten, reißende Flüsse mit Wasserfällen bilden einen natürlichen Schutzschild gegen Feinde.

gen als neue Kolonialherren vom König von Kandy festgesetzte Erntemengen als Abgaben, vor allem an Zimt sind sie interessiert. Der holländische Gouverneur regiert das Land von Colombo aus.

Bereits 1796 weichen die Holländer den Engländern. 1802 wird die Insel zur britischen Kronkolonie Ceylon. Drei Kriege gehen dem Fall des Königreichs Kandy voraus. 1815 wird der letzte König von Kandy in die Verbannung nach Madras geschickt, wo er und seine Familie später ermordet werden. Die Insel wird von den Engländern annektiert. Die Engländer beginnen mit dem Straßenbau.

Tiefgreifende wirtschaftliche Veränderungen treten auf, als die Kolonialherren auf der Insel bisher unbekannte Kaffeeplantagen anlegen, die eine große Zahl von Arbeitskräften erfordern. Diese holen die Engländer aus Südindien. In nur 15 Jahren wandern fast eine Million Männer und Frauen ein. Es sind besitzlose Landarbeiter aus Südindien, aus der tamilischen Volksgruppe. Die soziale Kluft zwischen ihnen und den bereits im dritten Jahrhundert eingewanderten Tamilen ist groß.

Nach dem Ersten Weltkrieg räumen die englischen Kolonialherren der Bevölkerung des damaligen Ceylon ein politisches Mitbestimmungsrecht ein. Es wird das allgemeine Wahlrecht eingeführt und ein aus allen Bevölkerungsgruppen bestehender ceylonesischer Nationalkongress gebildet.

Am 4. Februar 1948 wird Ceylon unabhängig. Erster Premierminister wird D.S. Senanayake. Er ist Führer der United National Party (UNP), die als moderate Organisation Anhänger unter allen Ethnien und Religionen an sich bindet. Senanayake tritt in Verhandlungen mit dem indischen Premier und macht deutlich, dass die jungen tamilischen Plantagenarbeiter indische Staatsbürger seien. Indien möchte die Rückkehr der Auswanderer aber verhindern und definiert die indische Staatsbürgerschaft so, dass die tamilischen Arbeiter und ihre Angehörigen die Kriterien nicht erfüllen. Ethnische Konflikte beginnen aufzubrechen.

Nach dem Tod von D. S. Senanayake 1956 gewinnt mit S. W. R. D. Bandaranaike die Sri Lanka Freedom Party (SLFP) die Wahl. Mit ihm kommt ein Verfechter des singhalesischen

© I. Gunawardana

Das alte Parlamentsgebäude in Colombo.

Buddhismus an die Macht. Mit der Gesetzesvorlage 1956 wird Singhalesisch als Amtssprache eingeführt. Die wirtschaftliche Lage verschlechtert sich aufgrund sinkender internationaler Nachfrage an Exportgütern.

Die Tamilen ziehen sich in den Norden zurück und fordern einen unabhängigen Tamilenstaat. S.W.R.D. Bandaranaike wird ermordet. Die Macht wechselt von Dudley Senanayake zu der Witwe des Ermordeten, Frau Sirimavo Bandaranaike. Sie verstaatlicht die private Landwirtschaft einschließlich der lukrativen Teeplantagen. Sie setzt durch, dass 1972 Ceylon zur Republik Sri Lanka wird.

Unter dem Nachfolger Bandaranaikes, J. R. Jayawardene, erlebt die Wirtschaft einen bescheidenen Aufschwung. Nördlich von Colombo entsteht eine Freihandelszone. Englisch und Tamil werden Amtssprachen. Auslandsinvestitionen verstärken sich und der Tourismus gewinnt an Bedeutung.

Der kleine wirtschaftliche Aufschwung nimmt mit dem Beginn des Bürgerkriegs 1983 ein jähes Ende. Die Gewalt eskaliert zwischen den beiden Volksgruppen, den Singhalesen und den Tamilen, als 1987 indische Soldaten ins Land geholt werden, um die extremistischen Gruppen im Norden des Landes, die Tamil-Tigers, zu entwaffnen. Die Wirtschaft kommt vollends zum Erliegen.

1988 kommt R. Premadasa an die Regierung. Es gelingt ihm, sowohl die Wirtschaft anzukurbeln als auch Ruhe in den Gebieten der Tamil-Tigers zu schaffen. Internationale Hilfsprogramme werden gestartet. Die indischen Friedenstruppen verlassen das Land.

1994 kommt mit Chandrika Bandaranaike wieder die SLFP an die Macht. Es werden neue Programme für eine freie Marktwirtschaft und nationale Aussöhnung mit den Tamilen propagiert. Es gelingt ihr, Frieden zu schaffen. Sie billigt der tamilischen Gesellschaft in Jaffna Selbstverwaltung ohne vollständige Unabhängigkeit zu. Die tamilische Partei LTTE unter Frau Kumaratunga vereinbart 1994 einen Waffenstillstand. Dieser ist brüchig. Bis 2001 intensivieren tamilische Extremisten ihre Anschläge auf Hotels, Flughäfen und Tempel. Ihnen ist die vereinbarte Autonomie nicht weitreichend genug. Sie wollen die vollständige Unabhängigkeit.

2002 kommt es unter norwegischer Vermittlung zum Waffenstillstandsabkommen zwischen der Regierung und den Tamilen. Seither wird an einem dauerhaften Frieden gearbeitet.

Das neue Parlament in Kotte, 1979 erbaut von Architekt Geoffrey Bawa (1919–2003).

Die Geschichte Sri Lankas in chronologischer Zusammenfassung

Sri Lanka hatte viele Namen. So nannten es die griechischen Seefahrer zum Beispiel »Tambapanni« oder »taprobane«, die Araber prägten den Namen »Sarandib«. In Pali und Sanskrit heißt das Land der Singhalesen »Sihaladipa« oder »Simhaladipa«.

Die Portugiesen nannten es »Ceilao«. Daraus wurde englisch »Ceylan« bzw. »Ceylon«. Diesen Namen führt die Insel, bis sie im Jahre 1972 Republik wird und sich seither Sri Lanka nennt. Im Folgenden wird das Land ausschließlich Sri Lanka genannt.

Prähistorische Zeit

Altsteinzeit	Aufgrund von Informationen aus der prähistorischen Zeit des indischen Subkontinents kann man davon ausgehen, dass bereits 500 000 v. Chr. Menschen auf Sri Lanka gelebt haben.
5000	Entwicklung der Balangaloda-Kultur, die etwa bis 500 v. Chr. dauert; auf diese Kultur könnten die in Legenden erwähnten Dämonen (yaksas) und Schlangenbeschwörer (nagas) zurückgehen; man nimmt an, dass ihre Nachfahren die Veddhas sind.
483	Ankunft des singhalesischen Prinzen Vijaya mit 700 Gefolgsleuten in Sri Lanka an Buddhas Todestag. Die Singhalesen sind vermutlich Indo-Arier; sie stammen aus dem Nordwesten Indiens; mit der Ankunft des Prinzen Vijaya beginnen die Aufzeichnungen der *mahavamsa*.

Anuradhapura-Periode

350 v. Chr.	Gründung der Stadt Anuradhapura.
300	Erste tamilische Einwanderer aus Südindien kommen nach Sri Lanka; sie gehören der drawidischen Volksgruppe an.
273–232	In Indien konvertiert König Asoka zum Buddhismus und lässt die Lehren Buddhas in Asien verbreiten.
247	König Asoka schickt seinen Sohn Mahinda nach Sri Lanka; Mahinda bekehrt König Devanampiya Tissa; der Buddhismus wird in Sri Lanka eingeführt; Mahindas Schwester Sanghamitta bringt einen Ableger des Bo-Baumes, unter dem Buddha erleuchtet wurde, nach Anuradhapura.
204–161	Elara, ein Chola-General aus Südindien, übernimmt die Herrschaft über Anuradhapura.
161	Dutugemunu aus Ruhuna tötet im Zuge einer Schlacht Elara und wird König in Anuradhapura. Anuradhapura wird Machtzentrum der ganzen Insel; unter König Dutugemunu wird die Insel erstmals in einem Königreich vereint.
um 60 v. Chr.	Als Folge drawidischer Eindringlinge wird Dambulla Hauptstadt unter König Vattagamini Abhaya. Das Kloster Abhayagiri in Anuradhapura wird gegründet.
275–301	Unter König Mahasena werden Bewässerungsanlagen gebaut; er baut ein Wasserreservoir (*wewa*), das von einem 50 Kilometer langen Kanal gespeist wird. Diese Anlagen werden später immer weiter ausgebaut und perfektioniert.
312	Eintreffen der Zahnreliquie zusammen mit Buddhas Almosenschale in Sri Lanka; die Reliquie wird im Kloster Abhayagiri aufbewahrt
303–331	Die *dipavamsa* wird geschrieben. Es ist die erste Chronik in singhalesischer Sprache. Buddhas Lehren werden ins Singhalesische übersetzt.

um 400	Griechische und chinesische Seefahrer besuchen Sri Lanka; Fa-Hien, ein chinesischer Seefahrer besucht Anuradhapura; er landet im Hafen Koa-Lan-Pou (Kalambou, dem späteren Colombo).
432–459	Drawidische Invasion und Herrschaft.
459–477	Herrschaft des Dhatusena; Ende der drawidischen Herrschaft; Dhatusena baut einen 18 km^2 großen Stausee mit einem Damm von fünf Kilometer Länge und 18 Metern Höhe; der See wird aus einem 85 Kilometer langen Kanal gespeist. Ermordung des Dhatusena durch seinen Sohn Kasyapa.
477–495	Herrschaft des Kasyapa. Kasyapa, der seinen Vater wegen der Thronfolge ermordet hat, vertreibt seinen Halbbruder, verlässt Anuradhapura und gründet sein Königreich in Sigirya.
um 495	Herrschaft des Moggallan I.; Sigirya wird zugunsten Anuradhapuras aufgegeben. Mönche beginnen die *mahavamsa* zu schreiben.
772–777	Herrschaft des Aggabodhi VI.; zeitweilige Aufgabe von Anuradhapura zugunsten Polonnaruwas.
840	Plünderung von Anuradhapura.
982	Herrschaft Mahinda V.; Wiederaufbau von Anuradhapura. Nachdem die Chola Südindien erobert haben, erreichen sie Anuradhapura. 993 wird die Stadt erneut geplündert; Mahinda, der sich nach Ruhuna geflüchtet hat, wird gefangengenommen und 1017 nach Indien deportiert, wo er 1029 stirbt.

Kasyapa gründet sein Königreich in Sigirya und baut dort eine Felsenfestung.

Wandmalereien in der Felsenfestung in Sigirya.

Polonnaruwa-Periode

um 1000 n. Chr.	Ab dieser Zeit herrschen die Chola für etwa 75 Jahre über die Insel; Anuradhapura wird zugunsten der 80 Kilometer entfernten Stadt Polonnaruwa aufgegeben.
1055–1110	Herrschaft des Vijayabahu; Befreiung des Königreiches von den Chola.
1153–1186	Herrschaft des Parakramabahu I.; Parakramabahu gelingt es, das in zahlreiche Königreiche zerfallene Sri Lanka wieder zu vereinigen. Darüber hinaus kann er alle im Land lebenden Religionsgemeinschaften, wie Buddhisten, Hinduisten, Muslime, Juden und Christen friedlich vereinen. Eine vergleichbare Toleranz ist nirgends in der westlichen Welt des Mittelalters zu finden. In Polonnaruwa werden während seiner Herrschaft die bedeutendsten öffentlichen und religiösen Monumente erstellt; sein Ziel ist, Polonnaruwa zur schönsten Stadt Sri Lankas zu machen. Parakramabahu baut das Bewässerungssystem weiter aus; wichtige Wasserreservoirs (wie z. B. Parakrama Samudra) werden fertiggestellt. Trotz aller Errungenschaften erleidet das singhalesische Reich bald nach dem Tod des Parakramabahu den völligen Zusammenbruch.

Vejayante Prasada, der Königspalast Parakramabahus I., in Polonnaruwa. Erhalten sind nur die Ruine und drei der ursprünglich sieben Stockwerke des Palastes.

Das Bilderhaus »Lankatilaka«, erbaut von König Parakramabahu I.

Vermutlich ein Abbild Parakramabahu I.

1187–1196	Kurze Herrschaft des Nissanka Malla; der Streit zwischen den Dynastien nach seinem Tod beschleunigt den Niedergang des Reichs der Singhalesen. Die politische Instabilität nutzen die Cholas und Pandyas aus Südindien zu erneuten Überfällen auf der Insel; Polonnaruwa wird von seinen Bewohnern verlassen; die Singhalesen ziehen sich immer mehr ins Bergland zurück.

Hauptstädte für kurze Zeit

1236–1508	Erbfolge von Königen bis Parakramabahu VIII.
1474–1467	Herrschaft des Parakramabahu VI.; in der Hauptstadt Kotte, nahe Colombo; für kurze Zeit wird die Insel vereint.
1474–1511	Herrschaft des Vikramabahu, er gründet die Stadt Kandy.

Die Portugiesen

1505	Die Portugiesen landen auf Sri Lanka. 1518 bauen sie die Festung in Colombo; sie sind am Handel mit Gewürzen, insbesondere mit Zimt interessiert.
1557	Die Portugiesen setzten Dharmapala als Marionettenherrscher in Kotte ein; er konvertiert zum Katholizismus. Das Volk missachtet ihn, er sucht Schutz in der portugiesischen Festung in Colombo. Dharmapala stirbt 1597, nachdem er die Insel an Philippe II., König von Spanien und Portugal, verschenkt hat.
1593	Die Portugiesen kontrollieren die West- und Südwestküste der Insel, die sie Ceilao nennen.
1597	Verlegung der Hauptstadt nach Kandy.
1604–1635	Senarath baut das Königreich Kandy auf. 1617 unterschreibt er einen Friedensvertrag mit den Portugiesen; der Vertrag wird nicht eingehalten. Die Portugiesen versprechen allen Land, die zum Katholizismus konvertieren.

Die Holländer

1635–1687	Herrschaft des Rajasinha II., Sohn des Senarath. Er verbündet sich mit den Holländern und gewährt ihnen Handelsfreiheit, dafür verlangt er Hilfe bei der Vertreibung der Portugiesen. 1639 verlieren die Portugiesen Trincomalee und Batticalao; 1640 Negombo und Galle, 1656 Colombo und 1658 Jaffna. Die Holländer intensivieren den Handel mit Zimt. Durch Einheirat bildet sich eine neue Volksgruppe, die der Burghers.
1700	Herrschaft Nayakkars in Kandy; Kandy kann sich seine Unabhängigkeit erhalten.

Die Britische Kolonialherrschaft

1795	Die Briten nehmen Trincomalee und Colombo ein.
1815	Die Engländer setzen den letzten König von Kandy ab.
1818–1848	Aufbau der Kaffeeplantagen und Einwanderung von Tamilen aus dem Süden Indiens. Bau der ersten Eisenbahn in Sri Lanka.
1915	Niederschlagung von Unruhen anlässlich des hundertsten Jahrestags des Sturzes des Kandy-Reichs.
1918	Gründung des National Congress.
1919	Der National Congress formiert sich zur politischen Partei.
1931	Einführung des allgemeinen Wahlrechts.

Unabhängigkeit

4. Februar 1948	Unabhängigkeit Sri Lankas; D. S. Senanayake wird erster Premierminister.
1956–1959	S.W.R.D. Bandaranaike und seine SLFP gewinnen die Wahlen. Die Wirtschaft stagniert. Der Prermierminister wird am 26. September 1959 ermordet.
1960–1965	Sirimavo Bandaranaike, Witwe des S.W.R.D. Bandaranaike, wird erste Premierministerin der Welt.
1972	Ceylon wird zur Republik Sri Lanka.
1970–1977	S. Bandaranaike kommt erneut an die Macht.
1977	Mit J. R. Jayawardene gewinnt die konservative Partei die Macht.
1983	Bürgerkrieg im Norden und Osten.
1989	Ranasinghe Premadasa wird Staatspräsident; 1993 wird er ermordet.
1994	Chandrika Bandaranaike Kumaratunga, Tochter von Sirimavo Bandaranaike, wird zunächst Premierministerin und dann Staatspräsidentin.
2001	Die UNP gewinnt die Wahlen; Ranil Wickremasinghe wird Premierminister.
2002	Waffenstillstand zwischen Regierung und Tamilen.
2004	Vorgezogene Neuwahlen; Chandrika Bandaranaike Kumaratunga wird erneut Präsidentin.

SRI LANKA
HEUTE

Demographie des Landes

Offizieller Name:	Demokratische Sozialistische Republik Sri Lanka
Gründung:	1948
Staat:	Sozialistische Präsidialrepublik
Hauptstadt:	Colombo
Bevölkerung:	19–20 Mio. Menschen; 282 Einwohner/ je km^2
Sprachen:	Sinhala, Tamil und Englisch
Religion:	Buddhisten 69%, Hindus 15%, Christen 8%, Muslime 8%
Volksgruppen:	Singhalesen 74%, Tamilen 18%, Moors 7%, Burghers und andere 1%
Alphabetisierung:	90%

Geographie und Klima des Landes

- Die Insel Sri Lanka liegt im Indischen Ozean, an der südöstlichen Spitze des indischen Subkontinentes. Sie liegt zwischen dem 6° und 10° nördlicher Breite und dem 80° und 82° östlicher Länge.
- Die Gesamtfläche beträgt 65 610 km^2; somit ist Sri Lanka knapp so groß wie Bayern.
- Bestimmend für das Klima sind die halbjährlich wechselnden Monsunwinde: der Südwest- oder Sommermonsun und der Nordost- oder Wintermonsun.
- Da die Insel nahe dem Äquator liegt, sind die Klimaverhältnisse tropisch warm. Die relative Luftfeuchtigkeit beträgt im Südwesten bis zu 90%, die absolute Luftfeuchtigkeit ist bei den tropischen Temperaturen daher extrem hoch.
- Die Wärme der Tropensonne und die Feuchtigkeit der Monsune sind ursächlich für die vielfältige Vegetation des Landes. Es gibt vier Vegetationszonen:
  1. West und Südküste sind flach mit Kokospalmen bis an den Strand.
  2. Dschungel, tropischer Regenwald im Landesinneren des Südwestens.
  3. Wildes Bergland mit Schluchten und Wasserfällen in den zentral gelegenen Hochebenen zwischen Kandy und Nuwara Eliya mit Nebelwäldern und tiefhängenden Wolken.
  4. Tieflandebenen im Landesinneren des Nordens.

Modernes Wirtschaftswachstum und Tradition sind in Sri Lanka eng miteinander verbunden. In der Weiterführung dieser Kombination liegt die Zukunftsperspektive des Lands.

Politik und Wirtschaft

Sri Lanka ist traditionell über viele Jahrhunderte ein monarchisches Staatsgebilde bestehend aus einem oder mehreren Königreichen. Lange Zeit werden überwiegend Landwirtschaft und daneben Handwerk und Kunsthandwerk betrieben. Die Insel ist wirtschaftlich autark und von Importen unabhängig.

Ab 1505 nehmen drei Kolonialmächte (Portugal, Holland und England) nacheinander vielfältigen Einfluss auf die Geschicke der Insel in wirtschaftlicher und kulturell-religiöser Hinsicht. Wesentliche politisch-strukturelle Impulse gehen von den Portugiesen und Holländern nicht aus. Erst mit den Engländern und der Entmachtung des letzten Königs in Kandy (1815) wird im ganzen Land ein politisches System nach englischem Vorbild eingeführt. Diese Entwicklung gipfelt 1948 in der Unabhängigkeit und der Einführung eines parlamentarischen Systems sowie freien, gleichen und geheimen Wahlen. Aufgrund politischer und wirtschaftlicher Stagnation durch die gegenseitige Blockade zweier Parteien im Parlament wird 1978 ein Präsidialsystem mit dem Ziel eingeführt, politische Stabilität, Wirtschaftswachstum und religiöse Gleichberechtigung im Land herzustellen.

Das Einkammerparlament Sri Lankas besteht aus 225 Sitzen. Die Justiz des Landes ist unabhängig. In acht von neun Provinzen werden Provinzräte und Provinzregierungen mit einem »Chiefminister« gewählt. Die Nord- und Ostprovinz sind vorübergehend zusammengelegt und unterstehen einer Provinzregierung. Außerdem gibt es Stadt- und Gemeinderäte.

Die Regierung unterhält auf politischer Seite enge Beziehungen zu den Nachbarstaaten in Südasien und Südostasien. Begründet ist dies vor allem im wirtschaftlichen Wachstum dieser Länder, von denen auch Sri Lanka sich positive Impulse erhofft. Länder wie Indien, China und Japan nehmen hier eine besondere Stellung ein. Während die Beziehungen zu Indien und China vorrangig traditionsgeprägt sind, stellt Japan das wichtigste »Geberland« dar, welches in hohem Maße Sri Lanka unterstützt. Darüber hinaus wird eine Zusammenarbeit mit Ländern wie den Vereinigten Staaten und Ländern der EU angestrebt.

Deutschland ist bereits heute ein wichtiger Handelspartner für Sri Lanka. Deutschland führt Textilien, Tee, Kautschuk sowie Schmuckwaren ein und exportiert Maschinen, elektrotechnische und chemische Produkte sowie Eisenwaren. Es ist traditionell aber auch einer der wichtigsten Partner für Sri Lanka im Tourismus. Nach den Briten und Indern stellt Deutschland das drittgrößte Touristenkontingent.

Heute sind die wirtschaftlichen Bedingungen für ausländische Investoren in Sri Lanka günstig. Wirtschaftliche Reformen haben das Investitionsklima erheblich verbessert. Der Bürgerkrieg und die inneren Unruhen, die in den Jahren 1983 bis 2002, Investitionen unmöglich gemacht haben, wurden durch das Friedensabkommen beigelegt. Die politische Lage hat sich somit stabilisiert. Darüber hinaus beteiligt sich Sri Lanka aktiv an den Bemühungen der Vereinten Nationen im Kampf gegen die organisierte Kriminalität und den Terrorismus. Als erstes Land hat es die UN-Konvention gegen terroristische Bombenanschläge unterzeichnet.

Bis zur Unabhängigkeit Sri Lankas war das Land fast ausschließlich ein Agrarland. Heute sind fast 28% der Bevölkerung in der Industrie und weitere 49% der Bevölkerung im Dienstleistungsgewerbe tätig. Nur noch 23% der Bevölkerung arbeiten in der Landwirtschaft. Damit kann Sri Lanka seinen Bedarf an landwirtschaftlichen Produkten nicht vollständig decken. Es werden Agrarprodukte wie Reis und Gemüse aus dem Ausland, hier insbesondere aus Indien und China impor-

Manche Agrarprodukte, wie hier zum Beispiel der Reis, müssen importiert werden.

Problematisch ist die Fischerei. Der Fang deckt zur Zeit nicht einmal den einheimischen Bedarf. Mit den bisher verwendeten Schiffstypen kann überwiegend nur Treibnetzfischen betrieben werden.

Eine Diamantenmine.

tiert. Eine Intensivierung und Modernisierung der Landwirtschaft ist dringend erforderlich.

Die bedeutendste Industrie des Landes ist die Textilindustrie. Hier werden heute über die Hälfte der Exporteinnahmen erwirtschaftet. Weitere Exportgüter sind Tee, Edelsteine, Kautschuk, Kokosnüsse, Holz, Tabak, Papier, Leder und Meeresfrüchte. Kleinere Industrien haben sich in den Bereichen Elektronik, Zement, Chemikalien, Nahrungsmittel und Leder sowie Keramik entwickelt.

Der Tee ist zweitwichtigstes Exportgut des Landes, wenn auch mit rückläufigen Zahlen. Als Ursache gilt einerseits eine verminderte Produktionsmenge durch Missmanagement in den Betrieben. Aber auch neue Konkurrenz durch billigere, qualitativ vergleichbare Erzeugnisse anderer Länder machen dem Umsatz zu schaffen.

In der Exportbilanz nehmen Edelsteine, die in der Gegend um Ratnapura gefunden werden, den drittwichtigsten Platz ein.

Problematisch ist die Fischerei. Der Fang deckt zur Zeit nicht einmal den einheimischen Bedarf. Mit den bisher verwendeten Schiffstypen kann überwiegend nur Treibnetzfischen betrieben werden. Die Arbeit ist aufwendig und erfordert viele Hilfskräfte.

Durch den Einsatz moderner Fischerboote, durch den Bau von Kühl- und Lagerhallen für den Fang und durch die Entwicklung einer fischverarbeitenden Industrie kann auch den heute am Existenzminimum lebenden Fischern geholfen werden.

Der Tee ist zweitwichtigstes Exportgut des Landes…

…, wenn auch mit rückläufiger Tendenz.

DIE HAUPTSTADT COLOMBO

© Bernhard Kern

Sri Lankas Hauptstadt Colombo.

Die Hauptstadt Colombo

Die historische Hafenstadt

Colombo ist seit Jahrhunderten Anlaufpunkt für Seefahrer und Händler aus Europa und den arabischen Ländern. Die Hafenstadt fasziniert durch ihre Weltoffenheit und ist durch die Verschmelzung von westlichen und östlichen Einflüssen geprägt. Das Zusammenwirken von traditioneller Vergangenheit und moderner Gegenwart vermittelt Colombo das Flair einer florierenden Handelsstadt. Zahlreiche Seefahrernationen betreiben hier ihren Handel mit Gewürzen, Edelsteinen, Tee, Gummi, Textilien und Kokosnüssen.

Eine bedeutende Rolle spielt der Hafen für den Kreuzfahrttourismus. Das geschäftige Leben und Treiben in den Straßen der Stadt mit dem modernen Banken- und Geschäftszentrum verdeutlicht den Aufbruch Sri Lankas in die Zukunft. Außerdem haben die ursprünglichen Siedler aus den Niederlanden, Portugal und England überall im Stadtbild ihre Spuren hinterlassen.

Gebäude, Kirchen und Monumente zeugen von der 500jährigen europäischen Besiedlung und Kolonialherrschaft. Selbst in der Landessprache finden sich diese Einflüsse.

Staatssprache war bis ins Jahr 1963 das Singhalesische, es ist indo-germanischen Ursprungs. Tamil war in den Nordregionen Amtssprache, bis sie auch bei den Zentralbehörden der anderen Provinzen eingeführt wurde. Die Herkunft des Tamil ist drawidisch. Nach dem Friedensvertrag zwischen Singhalesen und Tamilen sind jetzt Singhalesisch, Tamil und Englisch als Staatssprachen anerkannt. Englisch war schon immer die Handels- und Bildungssprache sowie Umgangssprache der Oberschicht. Die meisten Straßen-, Orts- und Hinweisschilder sind auch in Englisch beschriftet.

Die etwa eine Million Einwohner in Colombo leben in 15 verschiedenen Bezirken. Die drei wichtigsten sind *Pettah, The Fort* und *Cinnamons Garden*. In *Pettah* befindet sich ein modernes Geschäftszentrum. *The Fort* war während der portugiesischen und holländischen Besatzungszeit eine militärische Anlage. *Cinnamon Gardens* ist eine gehobene Wohngegend mit weitläufigen Parks und prächtigen Gartenanlagen.

Das Nationalmuseum wurde als erstes öffentliches Museum 1877 eröffnet. Das Haus beherbergt berühmte Sammlungen von Antiquitäten und Kunstgegenständen, die tiefe Einblicke in die Geschichte und Kultur der Insel gewähren. Die Bibliothek enthält mehr als 500 000 Bücher, darunter viele Raritäten. Großen Seltenheitswert haben die Manuskripte auf Palmenblättern.

Daneben gibt es viele andere Sehenswürdigkeiten: das Nationalmuseum für Naturgeschichte, das Museum der »Dutch Period«, das alte Parlamentsgebäude im viktorianischen Stil, der neue Regierungssitz im traditionellen Baustil, erbaut von Geoffrey Bawa, und das Zentrum für traditionelle Kunst, Handwerk und Kunstgewerbe.

Die Nationalhymne Sri Lankas

Die srilankische Nationalhymne trägt den Titel Sri Lanka Matha (Mutter Sri Lanka) und ist eine Danksagung an das Mutterland, das seine Kinder mit den Gaben der Natur überhäuft.

Text der Nationalhymne

Mutter Sri Lanka,
wir verehren dich, wir verehren dich,
als Mutter;
Mutter Sri Lanka, du bist wunderschön,
gesegnet, farbenfroh und himmlisch.
Sri Lanka, siegreiches und bezauberndes Land;
Korn, Blumen, Früchte
und andere Schätze im Überfluss;
du, oh lebensspendende Mutter,
gibst uns Gesundheit und Glück, so segensreich;
bitte nimm an unser demütiges Gebet.
Wir verehren dich, wir verehren dich, o Mutter.

Die Seerose ist Sri Lankas Staatsblume.

Ansicht einer Hauptstraße in Colombo aus dem Jahr 1890.

Frauen in Sri Lanka

Die Emanzipation der Frauen in Colombo ist weit fortgeschritten und durch deren Präsenz in Straßenbild, Geschäftsleben und Politik sichtbar. Auch war Sri Lanka weltweit das erste Land mit einer Frau als Premierministerin: Sirimavo Bandaranaike im Jahr 1960. In ganz Sri Lanka arbeiten immer mehr Frauen und machen Karriere.

Eine Studie ergab, dass 36% der berufstätigen Frauen unverheiratet sind. Wenn diese Frauen sich eines Tages doch noch für die Ehe entscheiden, sind sie meist zwischen 28 und 30 Jahre alt. Das ist ein enormer Altersanstieg im Vergleich zu früheren Zeiten. Karriere und beruflicher Erfolg gewinnen an Bedeutung wie in den westlichen Ländern.

Ihre Freiheit und Ungebundenheit wollen viele Single-Frauen nicht gegen Pflichten in Haus und Hof eintauschen. Dieses Allein sein hat jedoch auch seine Schattenseiten, zumal dieser Single-Status oft nicht freiwillig, sondern vor allem aufgrund fehlender Mitgift gewählt ist. Es ist daher nicht so einfach, den passenden Mann zu finden. In den Zeitungen liest man sehr viele Ehepartnersuchanzeigen.

Cargill's Kaufhaus, 1906 erbaut, in der York Street, Colombo. Aufnahme aus dem Jahr 1962.

Galle.

Typische Kleinstadt in Sri Lanka.

Angler.

Fischerboote. (SLTB)

Wichtige Handelsprodukte

Sri Lanka ist reich an Edelsteinen: blaue, weiße Saphire, Sternsaphire, Rubine. Aber auch viele Halbedelsteine, wie Topas, Zirkon, Garnet, Turmalin und Mondstein werden in der Gegend um Ratnapura gefunden.

Gute Juweliere und das *State Gem Office* informieren über die heimischen Edelsteine und deren Verarbeitung. Dieses regierungsamtliche Büro ist eine Art Kontrollinstanz und kann die Echtheit von Steinen bestätigen.

Viele Juweliere haben neben dem Verkauf ihrer Ware auch eine eigene Werkstatt, in der man die Edelsteinschleifer und Goldschmiede bei ihrer Arbeit beobachten kann. Die Qualität der Schliffe und die Verarbeitung der Steine bestimmen ihren Wert entscheidend mit.

The Gemmological Museum und das *Nilani Gem Museum* befinden sich beide in Ratnapura. Hier werden wertvolle Mineralien und Steine ausgestellt.

Stoffe und Batiken

Bekannt und beliebt sind Textilien aus Batik, die mittels einer Technik aus Wachs und Farbbädern hergestellt werden. Diese Technik stammt ursprünglich aus Indonesien. Aus die-

Batikstoffe werden mit Wachs und Farbbädern hergestellt.

sen farbenkräftigen Batikstoffen werden Wandbehänge, Kleidungsstücke, Tischdecken und vieles mehr gefertigt. Es gibt unterschiedliche Motive, teils im klassischen Stil, aber auch in aktuellen Designs. Die klassischen Motive stammen aus der Mythologie, aber auch für Prozessionen geschmückte Elefanten bieten weitere Motivvorlagen. Je mehr Farben verwendet werden, umso aufwendiger und teurer ist die Herstellung.

Die meisten Batikprodukte werden für die Touristen produziert oder gehen in den Export: handgewebte Textilien, wie Saris, Darongs, Tischdecken teils mit Stickereien versehen. Die geklöppelten Spitzen wurden einst von den Portugiesen eingeführt und von den singhalesischen Frauen bis heute übernommen. Es gibt im ganzen Land große und kleine Batikfabriken.

Messingwaren

Die Straßenverkäufer bieten auf fast allen Straßen, Plätzen und an den Stränden sehr schöne Messingstücke an. Die Stücke sind aus einer Kupfer-Zinklegierung gefertigt. Die Waren sind Unikate, die überwiegend im Bergland von Kandy hergestellt werden.

Eine große Rolle im religiösen und sozialen Leben der Srilanker spielen Messingöllampen, die es in unterschiedlichen Größen und teils kunstvollen Ausführungen gibt.

Eine aus Messing gearbeitete Öllampe.

In den buddhistischen Tempeln gibt es wunderschöne, sehr alte Lampen, die von den Gläubigen mit Kokosöl gefüllt und entzündet werden. Schon beim Betreten eines Tempels empfängt einen der unverkennbare Geruch verbrannten Kokosöls. Sowohl bei religiösen als auch weltlichen Zeremonien nehmen die Öllampen einen festen Platz ein.

Bei einer Hochzeit entzünden Braut und Bräutigam gemeinsam nach ihrer Trauung eine Öllampe. Aber auch im Haus spielt die brennende Öllampe eine große Rolle. Wird ein Kind geboren, so wird in der Ecke des Zimmers, in dem die junge Mutter mit dem Kind schläft, eine Lampe entzündet, um die bösen Geister zu vertreiben. *Agna*, der Gott des Feuers, wacht so über die beiden.

Mit einer brennenden Messinglampe wünscht man dem Sterbenden Lebewohl. Die singhalesischen Menschen werden so ein ganz Leben lang von diesen Öllampen begleitet.

Neben den typischen Öllampen gibt es schöne gehämmerte Wandteller und Tabletts aus Messing.

Diese Tradition wird von Generation zu Generation weiter vererbt. Den äußeren Rand verzieren Tierornamente, die den Rand des Tabletts schmücken.

Sehenswert sind die Betelschalen. Das Kauen von Betel war die Leidenschaft vieler Bewohner Sri Lankas. In früheren Zeiten wurde hier, ob bei Arm oder Reich, oft zum Betel gegriffen. Entsprechend war der Handel mit Betel schwungvoll und einträglich. Die *East India Company* sicherte sich ein Monopol auf Betel. Heute kauen meist nur noch die älteren Menschen diese Blätter. Der Nebeneffekt des Genusses ist eine starke Rot- oder Schwarzrotfärbung der Zähne.

Eine Betelmischung besteht aus dem Blatt der Betel-Palme, in das der kleingehackte Samen der Areka-Palme und eine Kalkpaste sowie einige andere Bestandteile einge-

rollt werden. Die Kalkpaste wird aus Muscheln oder Kalkstein gewonnen. Der Samen der Areka-Palme ist etwa so groß wie eine Muskatnuss und auch so hart. Die weiteren Zutaten sind nach persönlichem Geschmack unterschiedlich. Es werden Gewürze, aber auch Kautabak oder Süßigkeiten zugegeben. Die Mischung hat eine aufputschende, berauschende Wirkung. Fertige Betelmischungen heißen auf singhalesisch *bulath* und auf Tamil *bida*.

Das Betelkauen war früher fester Bestandteil des Alltags und des sozialen Miteinanders wie das Rauchen der Wasserpfeife in der arabischen Welt. Heute wird kaum noch Betel gekaut.

Masken

Das Zentrum der Maskenschnitzer ist Ambalangoda im Südwesten der Insel. Die Masken werden in Handarbeit aus dem weichen Holz des Kaduru-Baums geschnitzt.

Je nach Nutzung unterscheidet man Raksha-, Kolam- und Sanni-Masken. Die Raksha-Masken werden bei festlichen Prozessionen verwendet, während Kolam-Masken bei traditionellen Schauspielen zum Einsatz kommen. Die Sanni-Masken, auch Teufelsmasken genannt, benutzt man, um böse Geister oder Krankheiten zu vertreiben.

Die meistverkauften Masken sind Naga- oder Kobra-Masken, die der Kategorie der Raksha-Masken zugerechnet werden. Die Naga-Masken stellen einen Dämon dar, dessen starre Augen aus dem Kopf zu quellen scheinen. Sie werden eingesetzt zur Austreibung von Dämonen und bösen Geistern. Diese exorzistischen Rituale, die tief im Volksglauben verwurzelt sind, werden oft nächtelang gefeiert.

Traditioneller Sari – die Alltagskleidung von Frauen der gehobenen Gesellschaftsschicht in Sri Lanka.

Katholische Ordensfrau in traditionellem Sari. Die Nonnen haben die Wahlfreiheit zwischen der europäischen und dieser srilankischen Ordenstracht.

Alltagskleidung.

Srilankische Festkleidung.

Hochzeit in Sri Lanka.

© Bernhard Kern

Der Tee Sri Lankas

Tee und Sri Lanka sind untrennbar

Die tropische Insel Sri Lanka liegt inmitten des Indischen Ozeans, südöstlich von Indien, nur rund 600 Kilometer vom Äquator entfernt. Es herrscht daher ein tropisch-warmes Klima mit hoher Luftfeuchtigkeit von 80–90%. Beste Voraussetzungen für eine vielfältige exotische Flora und Fauna. Zwischen Orchideen, Lotusblüten, Kardamom, Papaya und vielen anderen Früchten wächst der beliebte Ceylonesische Tee. Der aus Sri Lanka stammende Tee wird noch heute unter dem alten Landesnamen Ceylon gehandelt. Tee ist das zweitwichtigste Exportgut. Mit diesem Genussmittel werden hohe Exporterlöse erzielt.

Im Jahre 1839 schickte der damalige Direktor des Botanischen Gartens von Kalkutta, Dr. Wallich, die ersten Teesamen nach Ceylon, wie Sri Lanka ja damals noch hieß. Obwohl die Teesamen gut gediehen, zeigten die Pflanzer wenig Interesse, da man sich auf den Kaffeeanbau konzentriert hatte. Der Ceylon-Kaffee war gegen Ende des 19. Jahrhunderts eine bekannte und begehrte Ware. Als die Kaffeepest (Kaffee-Rost) die großen Kaffeeplantagen fast völlig vernichtet hatte, versuchten sich die Pflanzer mit dem Teeanbau.

Im Jahre 1867 begann ein junger Schotte namens James Taylor in der Nähe von Kandy auf der Plantage Loolecondra Tee anzubauen. Er hatte sich seine Kenntnisse in Indien erworben. Er verkaufte seinen Tee zunächst nur auf der Insel. Im Jahre 1872 war eine voll eingerichtete Fabrik fertig, und be-

© Iranga Gunawardana

reits 1873 exportierte er seinen Tee »1. Qualität« nach London. Heute wird in etwa 600 Teefabriken der weltbekannte Ceylon-Tee produziert.

Die herrlichen und in ihrer Art unverwechselbaren Landschaften im Hochland der Insel sind einen Besuch wert. Von Colombo führt die Fahrt vorbei an Wasserfällen und kleineren Plantagen in das 1890 Meter hoch gelegene Nuwara Eliya, in die »Stadt über den Wolken«.

Die grünen Hänge sind dort oft in Nebel und tiefliegende Wolken gehüllt. In diesen Bergregionen ist es erheblich kühler als an der Küste. Herabstürzende Wasserfälle und eine exotisch-üppige Vegetation bestimmen das Landschaftsbild.

Beim Besuch einer Teeplantage beziehungsweise einer Teefabrik erklären die Mitarbeiter, wie die noch grünen Blätter des Teestrauches verarbeitet werden. Räume und Luft sind erfüllt vom Duft der frischen Tee-

© SLTB

blätter. Die Sonne wirkt hier strahlender und intensiver als irgendwo anders, das Grün der Berge hat eine unbeschreibliche Intensität.

Bei aller Schönheit der Landschaft waren hier früher soziale Missstände zu beklagen. Teepflückerinnen lebten am Rand des Existenzminimums. Es reichte gerade für eine ärmliche Unterkunft, in der die ganze Familie lebte. Die Kinder besuchten selten eine Schule, während die Frauen von morgens bis abends Blätter von den Teesträuchern ernteten. In den letzten 15 Jahren hat sich die wirtschaftliche und soziale Situation der ursprünglich südindischen Tamilen, aus denen sich die Teeplantagenarbeiter rekrutieren, erheblich verbessert. Es wurden gesetzliche Mindestlöhne vorgeschrieben und zahlreiche Schulen gebaut. Dies geschah im Zuge der politischen Anerkennung ihrer srilankischen Staatsbürgerschaft.

Ab 1975 fand eine Landreform statt, mit der die ausländischen Eigentümer von Teeplantagen enteignet und die Anbauflächen mehrheitlich verstaatlich wurden. Später erst wurden wieder einige wenige Plantagen privatisiert.

Es werden verschiedene Qualitätsstufen von Teesorten unterschieden: *Broken Orange Pekoe (BOP)* ist die oberste Kategorie. Hier sind die Teeblätter am vollständigsten erhalten. Es folgen *BOP Fannings, Broken Pekoe* und *Dust*. Bei letzterem handelt es sich nur noch um bloßen Teestaub, der für die billigsten Angebote Verwendung findet.

© SLTB

© SLTB

© SLTB

Die Anbaugebiete

In Höhenlagen zwischen 1000 und 2500 Metern über dem Meeresspiegel, rund um den Adam's Peak liegen die sechs Tee-Anbaugebiete von Sri Lanka. Die Teesorten aus den Hochlandgebieten von *Uva, Dimbulla, Uda Pussellawa* und *Nuwara-Eliya* sind besonders beliebt und begehrt. Durch das klimabedingt verlangsamte Wachstum entwickeln die Teeblätter ein besonders intensives Aroma. Der Aufguss dieser Teesorten ist kupferrot bis rotgold. Fachleute sagen: »Der Tee steht golden in der Tasse.«

Geerntet wird das ganze Jahr über, jedoch wechseln die Qualitäten nach Witterung und Jahreszeit.

Dimbulla

Dimbula ist eines der ältesten und bekanntesten Anbaugebiete Sri Lankas. Die Teegärten im Südwesten der Insel liegen in einer Höhe von 1200 bis 2000 Metern. Die beste Erntezeit ist von Dezember bis April. Seinen qualitativen Höhepunkt erreicht der Tee hier im Februar und März, weil Dimbulla dann von einem kühlen und trocknen Klima bestimmt wird. Der Tee zeichnet sich durch ein kräftiges, leicht herbes Aroma aus, das einen leichten Zitrusgesschmack hat. Dadurch ist gerade dieser Tee ein morgendlicher Muntermacher. Darüber hinaus ist er bemerkenswert lange haltbar.

Nuwara Eliya

Zwischen den Gebieten von Dimbulla und Uva liegt das Anbaugebiet Nuwara Eliya, unterhalb des Mount Pidurutalagala. Es sind die höchstgelegenen Teegärten der Insel. Im Gegensatz zu anderen Regionen, in denen die *Thea Assamica* die Grundlage für den Teeanbau bildet, stehen hier überwiegend Sträucher der *Thea Sinensis*. Sieben Teeplantagen finden wir in dieser Region. Die Teesorten zeichnen sich durch ein feines, rundes Aroma aus, das an Zypressen und Eukalyptus erinnert, die meist die Plantagen umgeben. Dieser besondere Geschmack und Geruch ist sehr ausgeprägt.

Uva

Zwischen Flüssen und Wäldern, umgeben von Schatten spendenden Bäumen liegt im Süd-Osten der Insel das große Anbaugebiet, unterteilt in acht Distrikte. Hier werden die besten Qualitäten in den Monaten Juli und September geerntet. Der Tee aus diesem Anbaugebiet hat ein kräftiges, leicht süßliches Aroma und erinnert ein wenig an den Geschmack von Preiselbeeren. Dieser leicht rötliche Tee ähnelt Teesorten aus Assam. Der Nachteil, Tee aus Uva verliert nach kurzer Zeit sein besonderes Aroma und sollte immer bald verbraucht werden.

Uda Pusselawa

Die Qualität dieser Region östlich von Nuwara Eliya und nördlich von Uva wird sehr stark durch den Nordost-Monsun beeinflusst. Anders als in Uva werden hier zweimal im Jahr, von Juli bis September und Januar bis März, absolute Spitzenqualitäten geerntet. Der Aufguss in der Tasse ist rosig hell.

Kandy

Das ist das älteste und nördlichste Anbaugebiet Sri Lankas. Diese Plantagen liegen in einer Höhe von 1200 bis 2600 Metern. Hier wächst der bekannte »mid country tea«, der einen kräftigen Geschmack hat und eine dunkle Farbe in der Tasse zeigt.

Ruhuna

In einer Höhe bis zu 1200 m liegt im Süden das Anbaugebiet von Ruhuna. Die Bodenverhältnisse beeinflussen die Farbe der Teeblätter, die hier sehr dunkel ausfällt. Daraus gewinnt man einen entsprechend dunklen, sehr kräftigen Tee, der auch gesüßt gut schmeckt.

© Bernhard Kern

© Bernhard Kern

Gesetzliche Feiertage

Die Feste und Feiertage auf Sri Lanka hängen vom Mondkalender ab und sind im Datum beweglich. Dazu kommen noch Poya- d. h. Vollmondtage, die jeweils als buddhistische Feiertage begangen werden. Die Tempel erwarten an diesen Tagen besonders große Besucherströme.

Januar

Die Tamilen feiern am 14. des Monats das *Thai Pongal*, eine Art Erntedankfest. Aus der frischen Ernte wird Reis mit Milch in schönen neuen Gefäßen gekocht. Man lässt die Milch überkochen und deutet aus den Formen des Überkochens das Glück oder Unglück des kommenden Jahrs.

Am 21. Januar feiern die Muslime auf Sri Lanka den »I-Ul-Alha«.

Im Januar wird der *Duruthu*-Vollmondtag begangen. Aus diesem Anlaß findet eine feierliche Prozession mit farbenfrohen Kostümen, traditionellen Tänzern und geschmückten Elefanten zum Kelaniya-Tempel in zwölf Kilometern Entfernung von Colombo statt.

Februar

Der Unabhängigkeitstag feiert am 4. Februar die Erlangung der Unabhängigkeit im Jahre 1948.

Der *Navam*-Vollmondtag wird mit einer großen Prozession in Colombo begangen, sie erinnert an vier wichtige Ereignisse des Buddhismus: Die Mönchsweihe von Sariputta und Mahamoggellana, zwei Schüler Buddhas. Die Zusammenkunft des ersten buddhistischen Rates. Die Schaffung eines Regelwerkes für den Mönchsorden. Die Prophezeiungen Buddhas, dass er in drei Monaten sterben wird.

Februar/März

In der großen Nacht des Shiva feiern die Hindus ihren Gott Shiva in *Mahashivarathri*. Am Tag wird gefastet, und in der Nacht werden im Tempel die mehr als tausend Namen Shivas verlesen. Bei der Nennung eines jeden Namens werfen die Gläubigen Blätter des heiligen Bel-Baumes auf einen Lingam, das Phallussymbol des Gottes. Das soll den Einzug in den Himmel garantieren. Bei diesem Feiertag handelt es sich um eine urhinduistische alte Tradition.

Im März findet der *Medin*-Vollmondtag statt. An diesem Tag wird Buddhas Rückkehr zu seiner Familie gefeiert. Er wollte sie von seinen Erkenntnissen und Erleuchtungen überzeugen. Wie an jedem Vollmondtag begeben sich die Buddhisten in weißer Kleidung zum Meditieren und zu anderen religiösen Zeremonien in die Tempel. Der Tag fällt mit dem christlichen Karfreitag zusammen.

April

In diesem Monat gibt es das auf den 13. und 14. fallende tamilische und singhalesische Neujahrsfest. Die Häuser werden gründlich gereinigt, alle Feuer müssen gelöscht werden, die ganze Familie fastet, und es werden verschiedene religiöse Rituale vollzogen, die als Glücksbringer gelten.

Zu einem astrologisch berechneten Zeitpunkt werden die Feuer wieder entzündet und Festessen in neuen Töpfen gekocht. Nach dem Essen überreichen die Kinder den Eltern Betel und bitten um Verzeihung für die Verfehlungen des vergangenen Jahres. Die Armen bieten den Reichen ebenfalls Betel an und hoffen auf eine Geldspende, die in Betelblättern überreicht wird. Nach einigen Tagen findet eine Nachfeier in der Familie statt, wo das Oberhaupt alle Familienmitglieder mit einem heiligen Öl salbt und segnet.

Auf den Straßen findet zu diesem Zeitpunkt ein großes Feuerwerk statt.

Das Neujahrsfest ist das wichtigste Ereignis im srilankischen Kalender und dauert drei Tage. Während dieser Zeit sind alle öffentlichen Einrichtungen, Restaurants und Geschäfte geschlossen.

© Bernhard Kern

© Bernhard Kern

An *Milad-un-Nabi* (22. April) gedenken die Moslems der Geburt ihres Propheten Mohammed. Nach den Gebeten in den Moscheen werden große Familienfeste gefeiert und Lebensmittel an die Armen verteilt.

Der *Bak*-Vollmondtag erinnert an Buddhas zweiten Aufenthalt in Sri Lanka, der einer Legende zufolge fünf Jahre nach seiner Erleuchtung stattgefunden haben soll.

Mai

Der 1. Mai ist – wie überall in der Welt – der Tag der Arbeit. In Colombo gibt es verschiedene Mai-Kundgebungen und Demonstrationen.

Der zweitägige *Wesa*-Vollmondtag ist für die Buddhisten von großer Bedeutung, da auf diesen Tag Buddhas Geburt, seine Erleuchtung und sein Todestag fallen sollen. Tempel, Straßen und Gebäude werden mit Gemälden aus Buddhas Leben festlich geschmückt. Es ist der wichtigste buddhistische Festtag, der als religiöser Feiertag und als Familienfeiertag volksfestartig begangen wird. Der Tag ist mit den hohen christlichen Feiertagen wie Weihnachten, Ostern und Pfingsten zu vergleichen

Der *Adi Wessak*-Vollmondtag findet im buddhistischen Monat *Adi Wesak* statt, der jedoch nur alle drei Jahre eingeschoben wird. Das buddhistische Jahr ist elf Tage kürzer als der römische Kalender, so dass nach drei Jahren ein Monat ersetzt werden muß.

Juni

Der *Poson*-Vollmondtag ist dem Mönch Mahinda gewidmet, der im dritten Jahrhundert v. Chr. als erster den Buddhismus in Sri Lanka gepredigt und den König von Anuradhapura, Devanampiya Tissa bekehrt hat.

© Bernhard Kern

Juli

Das *Vel Festival* wird von den Hindus gefeiert. Damit wird der Zusammenkunft des Kriegsgottes Skanda mit seiner Gemahlin Valli Amma gedacht. *Vel* bedeutet soviel wie Speer und ist die Lieblingswaffe Skandas. In Colombo gibt es eine sehenswerte Prozession, wo die Figur Skandas auf einem Prunkwagen durch die Stadt gefahren wird. Jedes Jahr wird ein anderer Tempel als Zielort gewählt. Dort wird dann Skanda mit Valli Amma wieder vereint.

Der *Esala*-Vollmondtag erinnert an Buddhas erste Predigt nach seiner Erleuchtung, in der er seine vier Edlen Wahrheiten und den Achtfachen Pfad erklärte.

Juli/August

Ein Feiertag der buddhistischen Mönche ist der *Nikina*-Vollmondtag, er markiert den Beginn einer dreimonatigen Zeit der Abgeschiedenheit und Meditation, die zur Vorbereitung auf das Gelübde der Mönche dient.

Das Datum der elftägigen *Kandy*-Prozession wird nach einem astrologisch glückverheißenden Tag bestimmt. Diese Prozession ist das größte und spektakulärste Fest Sri Lankas. Hunderte von Musikern, Tänzern, Dutzende geschmückter Elefanten locken die Menschen an. Schon Wochen vorher kann man die Elefantenherden sehen, die sich auf den Weg nach Kandy machen.

Unter dem Schein von Fackeln finden die Umzüge auch nachts statt. Die Prozession besteht aus zwei Teilen. In den ersten sechs Tagen sind die Umzüge vier Hindu-Göttern gewidmet. Auf die ersten sechs Tage folgen noch weitere fünf Festtage mit der sogenannten *Randoli*-Prozession als Höhepunkt. Dabei wird eine Nachbildung der Zahnreliquie von einem besonders prächtig geschmückten Elefanten durch die Stadt getragen

September

Der *Binara*-Vollmondtag ist ein Gedenktag für Buddha. Er soll an diesem Tag in den Himmel aufgestiegen sein, um dort seine Mutter Maya Devi und die anderen himmlischen Wesen zu bekehren.

Oktober

Ein weiterer wichtiger Vollmondtag ist der *Wap*. Es werden zwei Ereignisse aus dem Leben Buddhas gefeiert. Zum einen die Aufgabe seines Laien-Daseins – nach Erlangung der Erleuchtung – und die Rückkehr aus dem Himmel, wo er seine Mutter bekehrt hat. Viele Buddhisten versammeln sich an diesem Tag in Anuradhapura, um den Bodhi-Baum zu verehren und zu meditieren.

Oktober/November

Das Lichterfest der Hindus (*Deepavali*), das den Sieg des Guten über das Böse symbolisiert, wird festlich begangen. Während der Feierlichkeiten werden viele Gottheiten geehrt, die sich als Bezwinger und Sieger über das Böse Verdienste erworben haben. Allen voran Vishnu und Krishna. Beide töteten die Dämonen, welche die Welt peinigten. Vishnu tötete Nagasuran und Krishna den furchtbaren Naraka. Naraka bedeutet Hölle. Deepavali feiert daher den Sieg des Lichts über die Finsternis. Im übrigen handelt es sich für die Hindus um ein sowohl äußerliches als auch innerliches Selbstreinigungsritual.

November

In diesem Monat wird der *Il*-Vollmondtag gefeiert, welcher an die Vorhersage des Bodhisattva Maitreya erinnert, dass Buddha die Erleuchtung zuteil und er 60 Schüler zur Verbreitung seiner Lehre aussenden werde.

November/Dezember

Das moslemische *Haji*-Fest am Ende der Fastenzeit Ramadan wird mit Festessen und Verwandtenbesuchen gefeiert. Wer es sich leisten kann, macht sich auf den Weg nach Mekka.

Dezember

In diesen Monat fällt der *Unduwap*-Vollmondtag, an dem daran erinnert wird, wie Arahat Theri Sangamitta, Schwester von Arahat Mahinda, Tochter von König Asoka und buddhistische Nonne, den heiligen Bo-Baum von Indien nach Anuradhapura gebracht hat.

Die Christen feiern am 25. Dezember das Weihnachtsfest. Am 31. Dezember wird wie andernorts Silvester gefeiert.

© SLTB

Fauna und Flora Sri Lankas

Die Fauna Sri Lankas

Trotz mancher Eingriffe des Menschen in die Natur sind Schönheit und Reichtum der natürlichen Tier- und Pflanzenwelt im wesentlichen erhalten geblieben.

Sri Lanka besaß das erste Tierreservat der Welt. Bereits im dritten Jahrhundert v. Chr. errichtete König Devanampiya Tissa das erste Tierschutzgebiet. Unter seiner Herrschaft wurde auch der Buddhismus in Sri Lanka eingeführt. Alle nachfolgenden Könige Sri Lankas befolgten die strenge Vorschrift, die es einem Menschen verbietet, irgend ein Tier zu töten. Überall im Land kann man dazu Felsinschriften lesen.

Den Königen Sri Lankas waren Bedeutung und Wichtigkeit der Wälder bewusst. Zu Naturschutzzwecken wurden große Waldreservate angelegt, die den Namen »Thahanan Kalle« – verbotene Wälder – trugen. Sie wurden zu Naturschutzreservaten erhoben. Aus dieser Zeit sind noch einige Schutzgebiete erhalten geblieben, so das Udawattekelle-Reservat in Kandy und das Sinharaja-Regenwaldreservat.

Unter den 86 heimischen Säugetierarten gebührt den Elefanten der erste Platz. Obwohl der natürliche Lebensraum der grauen Riesen erheblich eingeschränkt wurde, trifft man in den Nationalparks von Gal Oya und Lahugala Elefantenherden an.

Dagegen sind die großen Wildkatzen – zum Beispiel der Leopard – vom Aussterben bedroht. Im Wilpattu-Nationalpark hat sich die Leopardenpopulation jedoch erstaunlich gut erholt.

In allen Nationalparks ist das Rotwild besonders stark vertreten: der Axishirsch, der Sambar, der Schweinshirsch und das Kantchil

(eine Rehart). Andere Säugetiere sind der Lippenbär, die Seekuh (Dugong), das Wildschwein, das Stachelschwein und verschiedene Affensorten. Zu diesen zählen der Graue Hulman, der Makak und der Blattaffe mit seinem roten Gesicht.

Die Vogelwelt macht die Insel zu einem einzigartigen Paradies. In Sri Lanka sind 427 Vogelarten registriert. 250 Dauerbewohner und 21 nur hier beheimatete Vögel werden gezählt. Die meisten von ihnen leben in der Feuchtregion, darunter der Ceylon-Star.

Im Bergland ist die Flüsterdrossel oder Gelbor-Nachtigall anzutreffen. Überall zwitschert es auf der Insel, wenn auch viele der gefiederten Freunde sich in die Wälder zurückgezogen haben.

Dies trifft vor allem auf den farbenprächtigen Dschungelhahn sowie den braunbarettigen Schwätzer und den auffälligen, rotgesichtigen Malhoka zu.

Auch die Nationalparks und Naturschutzgebiete bieten dieser exotischen Vogelwelt günstige Lebensräume.

Mitte August jeden Jahres treffen die ersten »Wintergäste« ein. Es sind vor allem unterschiedliche Schwalbenarten, Flussufer- und Wasserläufer, die den langen Weg aus Nord- und Westeuropa sowie Sibirien bis hierher zurückgelegt haben, um in den Lagunen der Ost-, Süd- und Nordwestküste zu überwintern. Auch in den Wäldern lassen sich viele Zugvögel nieder, Singvögel, Drosseln und viele Kuckucke. Die Wasserreservoire in den Trockenregionen locken viele Entenarten an, hier den europäischen Winter zu verbringen. In den Nationalparks lassen sich Störche und Reiher beobachten.

Das Kumana-Vogelreservat ist ebenfalls für seine vielfältige Vogelwelt bekannt. In Bundala siedeln Scharen von Flamingos.

In Sri Lanka finden sich alle Arten von Wirbeltieren, darunter viele Amphibien- und Reptilienarten. Die meisten der 54 Fischarten rechnet man den Sumpf- und Flussarten zu. Wegen ihrer natürlichen Schönheit und Farbenpracht sind viele als Aquariumfische sehr beliebt. Die Briten haben etwa 16 Fischarten nach Sri Lanka gebracht, darunter auch die Forelle, die man in den klaren, kalten Bächen an den malerischen Horton-Plains angeln kann.

Einmalig sind auf Sri Lanka 16 Amphibienarten, wie die Nannophrys, die im Bergland verbreitet sind. Diese Froschart lebt auf Felsenrändern, die ständig von Wasser berieselt werden. Die Kaulquappen haben dadurch ideale Lebensbedingungen. Keiner der Frösche ist für Menschen giftig.

Es gibt aber auch etliche Reptilien, so das Sumpfkrokodil. Die wunderschöne Sternschildkröte ist die einzige dort verbreitete und lebende Landschildkröte. Alle Schildkrötenarten stehen unter Naturschutz.

Etwa 83 Arten von Schlangen sind auf der Insel anzutreffen, die überwiegend ungiftig sind. Aber es gibt auch einige giftige Exemplare, wie die Kobra, die indische Ceylon-Krait sowie zwei weitere Vipern-Arten. Sie leben nicht in den bewohnten Gebieten und Städten.

Die Schmetterlinge sind eine wahre Freude, denn 242 Arten sind in den Bergregionen ab etwa tausend Metern Höhe beheimatet. Aber nur sechs Schmetterlingsarten sind dann noch über 1200 m Meereshöhe anzutreffen.

Einmalig und eindrucksvoll ist der alljährliche Wanderflug der Schmetterlinge, die im März und April zum Schmetterlingsberg

© Bernhard Kern

© Iranga Guawardana

© Iranga Guawardana

© Iranga Guawardana

© Bernhard Kern

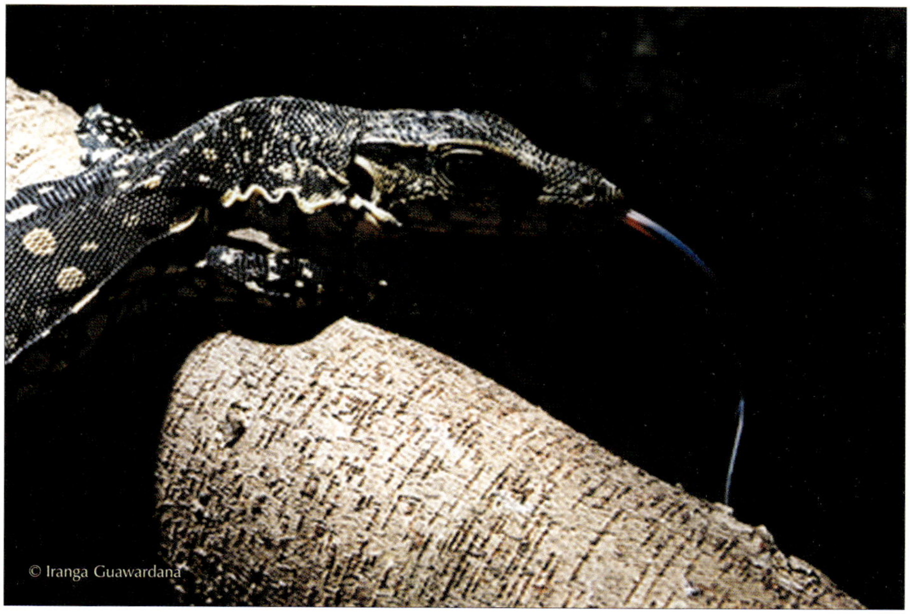
© Iranga Guawardana

»Samanala Kande« flattern. Dieser Berg wurde berühmt als »Sri Pada« bzw. »Adams Peak«.

Es gibt in Sri Lanka zwei Institutionen zum Schutz der exotischen reichen Pflanzen- und Tierwelt. Das »Department of Wild Life Conservation« ist für die Nationalparks in Yala, Wilpattu, Gal Oya, Kumana, Wirawila und Uda Walawe zuständig. Dem »Department of Forest Conservation« sind die Naturschutzgebiete unter dem Programm der »Forest and Man and Biosphere Reserves« unterstellt.

Für die Nationalparks gelten besondere Regeln, die von den Besuchern strikt einzuhalten sind. Es ist untersagt, Fahrzeuge im Park zu verlassen oder Tiere durch Lärm aufzuschrekken.

Die eindrucksvollsten Naturschutzgebiete befinden sich in den Horton-Plains, den Knicklesbergen und in der Peak Wilderniss Sanctuary. Der Besuch dieser Naturschutzgebiete unterliegt keinen besonderen Einschränkungen. Besucher können sich frei bewegen.

Unter den »Man and Biosphere«-Schutzgebieten ist das Sinharaja-Regenwaldreservat das wichtigste. Bei diesem handelt es sich um den allerletzten Rest des ursprünglichen tropischen Regenwaldes, der für Flora und Fauna einmalig ist. Für den Besuch ist eine besondere Genehmigung erforderlich.

Vom Aussterben bedrohte Pflanzenarten sind unter besonderen Schutz gestellt, so der Baobab-Baum, verschiedene Orchideenarten, Farne und andere mehr. Ausfuhr und selbst der Besitz der geschützten Pflanzen- und Tierarten sind strengstens verboten. Aus Wildtieren hergestellte Produkte, in denen zum Beispiel Leopardenfelle, Schildkrötenpanzer, Krokodil- und Schlangenhäute, Elefantenzähne etc. verarbeitet sind, dürfen weder angeboten noch gekauft werden.

© Iranga Guawardana

© Iranga Guawardana

Das Elefantenwaisenhaus

Auf der ganzen Insel Sri Lanka gibt es noch heute viele frei lebende indische Elefanten, *(Asian elephant, Elephas maximus)* deren Anzahl aber in den letzten Jahren stark gesunken ist. Man begegnet auf seiner Rundreise über die Insel vielen Elefanten, die aber meist als Arbeitselefanten abgerichtet sind. Es ist ein erhebender Anblick, wenn man einem Elefanten in freier Wildbahn begegnet. Besonders große Exemplare erreichen eine Schulterhöhe von mehr als drei Metern. Einige Kilometer von Kandy entfernt liegt in Pinnawela ein Waisenhaus der besonderen Art. Seit vielen Jahren werden elternlose, junge Elefanten hierhergebracht, weil sie allein im Dschungel keine Überlebenschancen hätten. Dieses Elefantenwaisenhaus wurde 1975 vom Department of Wildlife auf einer ehemaligen Kokosnussplantage in der Nähe des Flusses Maha Oya eingerichtet.

Mehr als 60 indische Elefanten mit der typischen hellgefleckten Stirn (Elephas maximus) leben hier. Elefantenwaisen entstehen, wenn Einheimische die Elefantenmütter töten, weil diese Felder verwüsten. Andere Tiere stürzen in Fallgruben und verenden. Deren Jungtiere sind noch auf Muttermilch angewiesen und wären ohne Hilfe dem sicheren Verderben ausgeliefert.

Täglich sind Wildhüter unterwegs, um nach jungen hilflosen Elefanten Ausschau zu halten und sie notfalls aus ihrer schlimmen Lage zu befreien. Die befreiten Tiere werden nach Pinnawela gebracht. Dort werden sie von der Herde aufgenommen und akzeptiert. Die jungen Tiere brauchen das Sozialgefüge einer Großfamilie. Ältere Elefanten kümmern sich um die Neuankömmlinge.

© D. Fernando

D. Fernando

Im Elefantenwaisenhaus erhalten alle Tiere einen Namen. Bis zu ihrem fünften Lebensjahr bekommen die Jungtiere neben der Blätternahrung dreimal täglich Milch aus der Flasche. Die jungen Elefanten trinken in wenigen Sekunden die fünf Liter Flaschenmilch. Für diese Zusatzration müssen die Tiere von der übrigen Herde getrennt werden, denn die erwachsenen Elefanten mögen ebenfalls Milch, und Neid und Streit gilt es bereits im Ansatz zu vermeiden.

Täglich werden die Elefanten zum nahe gelegenen Fluss Maha Oya geführt. Der Weg führt mitten durch ein Dorf. Mensch und Tier haben sich aneinander gewöhnt, und es gibt keine Probleme. An der Hauptstraße kann man sogar Hinweisschilder sehen, die auf diesen Elefantentreck hinweisen.

Die Elefantengruppe vertilgt täglich über fünf Tonnen Palmstämme (Kitul) und weitere fünf Tonnen Palmwedel und Blätter. Fünf Arbeitselefanten schleppen das Futter für die

© D. Fernando

© D. Fernando

anderen heran. Sie tragen die Bündel mit den Zähnen. Zum Schutz legt man ihnen einen weichen Beißring aus Pflanzenfasern an.

Elefanten brauchen nur wenige Stunden Schlaf in der Nacht, den Rest der Zeit verbringen sie mit Fressen. Nur so läßt sich die Aufnahme des gewaltigen Tagesbedarfs an Nahrung sichern.

Kleine Geschichten, welche die Pfleger gern den Besuchern erzählen:

Die Elefantenkuh Sama hat durch eine Mine im Norden Sri Lankas den rechten Vorderfuß verloren. Im Kampfgebiet des Bürgerkriegs zwischen tamilischen Rebellen und Singhalesen trat das knapp zweijährige Kalb auf eine Landmine, die den rechten Vorderfuß zerfetzte. Die Herde musste das kranke Tier zurücklassen. Soldaten brachten das schreiende, verletzte Tier zum Tierarzt nach Colombo und versorgten die Verletzung. Anschließend kam Sama nach Pinnawela, wo man sie liebevoll aufnahm. Man wollte dem Tier nach einigen Wochen eine Prothese anpassen, aber dieser Versuch scheiterte, weil der Stumpf zu empfindlich war.

Ein anderer Elefant namens Sanka, wurde jahrelang als Arbeitselefant sehr schlecht behandelt und geschlagen. Tiefe Narben an seinen Fußgelenken zeugen von viel zu engen Ketten. Sein früherer Mahout (Führer) hat ihn immer wieder geprügelt und mit einem Eisenhaken traktiert. Er konnte sich schließlich befreien und tötete in seiner Wut und in seinem Schmerz 13 Menschen.

Wildhüter betäubten ihn und brachten ihn ins Waisenhaus. Hier wurde er sorgfältig und liebevoll gepflegt, so dass er wieder Vertrauen zu den Menschen gewann und völlig friedlich wurde. Er trägt heute das Futter für die anderen Tiere zusammen.

Die Elefanten aus Pinnawela können nie wieder in die Freiheit entlassen werden, weil die Tiere sich derart an die Menschen gewöhnt haben. Würde man sie freilassen, kämen sie immer wieder zum Waisenhaus zurück beziehungsweise blieben in der Nähe, um die umliegenden Felder zu zertrampeln und das Land kahlzufressen.

Die Pfleger in Pinnawela sind sehr stolz darauf, dass ihre grauen Riesen in ihrem Waisenhaus sogar Nachwuchs bekommen. Das zeigt, wie wohl sie sich dort fühlen.

Die Tiere im Nationalpark und Pinnawela blieben von den Folgen der Seebeben-Katastrophe im Dezember 2004 verschont. Obwohl die Flutwelle drei Kilometer weit in den Yala-Nationalpark peitschte, wurde dort kein einziger Tierkadaver gefunden.

Elefanten, Leoparden und viele andere Tiere haben sich offenbar rechtzeitig in höher gelegenes Gelände zurückgezogen. Die Tiere warnt ein sechster Sinn vor solchen Naturkatastrophen.

Man geht auch davon aus, dass den Meeressäugern, wie Walen, Delphinen und anderen Tieren der Meere nichts zugestoßen ist.

© D. Fernando

Exotische Pflanzenwelt

Nicht nur der Naturfreund wird von der exotischen Üppigkeit der Pflanzenwelt Sri Lankas begeistert sein. Die klimatische Vielseitigkeit der Insel schafft absolute ideale Wachstumsbedingungen sowohl für die tropische Pflanzenwelt als auch für die gemäßigte. Jede Pflanze hat hier ihre besondere Bedeutung als Heilpflanze für einheimische ayurvedische Medizin.

Im Bergland beeindrucken die baumlosen Savannen, die so genannten »Patanas« und die imposanten Rhododendron-Wälder.

Die in den Ostprovinzen weit verbreiteten Grasländer, die Damana, sind mit vielen einheimischen Baumarten durchsetzt: Aralu, Bulu und Nelli. Auch hier gibt es die Heilpflanzen der ayurvedischen Medizin. In den Monaten März bis Mai ist die Blütezeit dieser Pflanzen. Ein wunderbarer Anblick ist der feurigrote Flamboyant *(Poinciana regia)*, der weißblütige *Mesua ferrea* und die kirschblüten-ähnliche *Tabebuia rosea*. Dazwischen immer wieder viele Orchideen, die man auf der ganzen Insel antrifft.

© Iranga Guardawana

© Iranga Guardawana

© Bernhard Kern

© Iranga Guawardana

Flora Sri Lankas

Früchte und Gewürze

Das tropische Inselklima Sri Lankas bietet hervorragende Voraussetzungen für das Wachstum vieler exotischer Fruchtsorten.

Ananas (Ananas comosus)

Ursprüngliche Heimat der Ananas ist Mexiko und Panama. Christoph Columbus selbst oder portugiesische Kolonialherren brachten die exotische Frucht nach Europa. Im Zuge ihrer kolonialen Eroberungen verbreiteten die Portugiesen sie in Sri Lanka und in Südostasien.

Avocado (Persea gratissima)

Diese Frucht stammt ebenfalls aus Süd- und Mittelamerika und wurde Mitte des 18. Jahrhunderts in Südasien eingeführt. Das stark ölhaltige Fruchtfleisch wird zumeist püriert und gewürzt gegessen.

Banane (musa ssp.)

Es gibt auf Sri Lanka sehr viele unterschiedliche Sorten von Bananen. Vorwiegend konsumiert werden auch hier die allgemein be-

Rote Banane.

Durian, die wegen ihres fauligen Geruchs nicht in öffentlichen Verkehrsmitteln transportiert werden darf.

kannten gelben Bananen. Die rotschaligen Früchte sind auch auf Sri Lanka selten und damit teurer im Handel. Der Ursprung der Frucht liegt wahrscheinlich in Südostasien, sie ist jetzt eines der weitverbreitetsten Nahrungsmittel in ganz Asien und Afrika.

Durian (durio zibethinus)

Die Durian ist eine dunkelgrüne, mit dicken Stacheln versehene Frucht, die bis zu drei Kilo schwer wird. Im Innern befindet sich eine hellgelbe Fruchtmasse. Der Geruch des Fruchtfleischs soll zumindest umstritten sein. Transport und Verzehr dieser Frucht in öffentlichen Verkehrsmitteln sollen deshalb nicht wohl gelitten sein.

Guave (Psidium guajava)

Die Guave ist eine birnenförmige, rundliche Frucht mit einer kräftig-grünen Schale. Darunter befindet sich ein weißes, mehliges, mild-süßes Fruchtfleisch mit kleinen Kernen. Aufgrund seines hohen Pektingehaltes kann man daraus sehr gut Marmelade und Gelee machen.

Die Guave kommt aus Mittel- und Südamerika. Die Blätter werden für medizinische Zwecke genutzt, vor allem für die Wund- und Heilbehandlung. Ein Aufguss der Blätter gilt als Mittel gegen Cholera, Durchfall und Erbrechen. Der Baum liefert sehr gutes Brennholz.

Jackfruit (Artocarpus heterophyllus)

Diese sehr große Frucht mit ihren 10 bis 20 Kilogramm stammt ursprünglich aus Indien. Die Jackfruit hat die Ausmaße eines mittelgroßen, länglichen Kürbisses, mit einer leicht pickeligen, erst grünen, sich dann braunfärbenden Schale. Darunter befinden sich gummiartige, gelbliche Fruchtsegmente. Die jungen Früchte sind roh ungenießbar und werden als Gemüse gekocht. In einem späteren Reifestadium kann das Fruchtfleisch roh verzehrt werden. Das harte Holz des Baums wurde für die Möbelindustrie und als Bau-

Jackfruit.

Mango.

stoff verwendet. Mittlerweile ist die Abholzung verboten. Das Harz der Rinde kann als Naturheilmittel gegen Zahnschmerzen verwendet werden.

Mango (Magnifera indica)

Diese süß-saure Frucht kann in Indien und Sri Lanka auf eine lange Tradition zurückblicken Mangowälder spielen immer wieder eine Rolle in buddhistischen Legenden und Erzählungen. Heute ist die Mango im ganzen indischen Subkontinent in verschiedenen Sorten und Größen verbreitet. Das Fruchtfleisch ist gelb bis gelbrot. Unreif, legt man Mangos als Pickles ein.

Mangostine (Garcinia mangostana)

Mangostine sind von einer dicken, purpurfarbenen Schale umgeben, unter der sich ein weißes, in Scheibenstücken aufgeteiltes Fruchtfleisch befindet. Der vollmundige, süße Geschmack hat auch viele gesundheitsfördernde Eigenschaften.

Nelli (Phyllanthus emblica)

Diese kirschgroße, grüne Beere, die sehr oft von den Kindern auf der Straße angeboten wird, schmeckt beim ersten Biss schauerlich sauer und bitter, aber nach kurzer Zeit hat man das Gefühl, eine honigsüße Frucht im Mund zu haben. Diese Vitamin-C-reiche Nelli findet auch in der ayurvedischen Heilbehandlung Verwendung bei Hepatitis, Diabetes, Fieber und Durchfall.

Papaya (Carica papaya)

Sie stammt aus Südamerika, von wo sie um die Mitte des 16. Jahrhunderts von den Spaniern auf die Philippinen verbracht wurde. Von dort gelangte sie nach Südostasien. Die Papaya kommt in sehr unterschiedlichen Sorten und Größen vor. Sie ist länglich und hat in unreifem Zustand eine dunkelgrüne, später gelb-grüne Schale. Das Fruchtfleisch ist gelblich-orange bis sattrot. Der Geschmack ist herb-süß. Die verdauungsfördernde Papaya enthält das Enzym Papain.

Rambutan.

Papaya.

Rambutan (Nepphelium lappacaeum)

Der Name der Frucht kommt vom malaiischen rambut (Haar). Die rot-kugelige Frucht wird von dickfaserigen Haaren bedeckt, was ihr das Aussehen eines kleinen Seeigels vermittelt. Das Fruchtfleisch ist geleeartig und sehr süß.

Sapodilla (Achras zapota; Manilkara achras)

Die Sapodilla kommt aus Zentralamerika und wird in Mexiko *zapotl* genannt, woraus dann der Name Sapodilla entstand. Im 16. Jahrhundert erst auf den Philippinen eingeführt, verbreitete sie sich im asiatischen Raum. Die Sapodilla sehen aus wie Kartoffeln und sind wie diese von einer dunkelbraunen Schale umgeben. Das dunkelbraune Fruchtfleisch schmeckt sehr süß.

Gewürze des Landes

Sri Lanka und Indien sind weltweit für ihre exotischen Gewürze berühmt. Daher war die Region in über vier Jahrhunderten das Ziel von Händlern, Seefahrern und Eroberern. Für alle europäischen Kolonialmächte war der Pfeffer ein begehrtes Handelsobjekt, den sie zunächst aus Indien bezogen. Bald jedoch sprach sich herum, dass der ceylonesische Pfeffer von höherer Qualität war.

Im Jahre 1516 beschrieb der portugiesische Reisende Duarte de Barbosa den ceylonesischen Zimt. Die Holländer exportierten den profitablen Zimt und stellten den Zimthandel unter ihr Monopol. Sie bauten um die Zimtplantagen festungsähnliche Schutzanlagen. Niemand durfte Zimt gewinnen, der nicht dazu ermächtigt war. Das Zerstören von Zimtpflanzen wurde unter Strafe gestellt. In Einzelfällen wurde sogar die Todesstrafe ver-

Ananas.

Getrocknete Chili am Gemüsestand.

hängt. Während der britischen Kolonialzeit wurde das Zimtmonopol 1832 aufgehoben.

Chili (Capsicum fructicosum)

Die Kleinsten sind die schärfsten, egal ob es grüne oder rote Chilis sind. Der Chili-Pfeffer ist das meistbenutzte und am weitesten verbreitete Gewürz in der ganzen südostasiatischen Küche. Die Portugiesen begannen im 16. Jahrhundert mit der intensiven wirtschaftlichen Nutzung dieses Gewürzes.

Gelbwurz (Curcuma longa)

Der milde Geschmack des Pulvers aus der Gelbwurz wird in vielen Gewürzmischungen verwendet. Hohes Ansehen genießt diese Gelbwurz in seiner Heimat Indien als Heilmittel. Vermengt mit Rosenwasser wird es als ayurvedische Salbe vielfältig verwendet. Mit Zuckerrohrsaft gemischt gilt es heute noch als Hausmittel gegen Hepatitis. Aber auch als Kosmetik für die Hautpflege hat es seine Bedeutung. Nachdem Mönche oder Pilger sich den Schädel kahlrasieren lassen, wird Gelbwurz aufgetragen, um eine Hautinfektion zu verhindern.

Gewürznelken (ugenia caryophyllus)

In vielen Ländern heißt die Gewürznelke »Gewürznagel« aufgrund ihrer nagelähnlichen Form. Es sind die ungeöffneten Blüten eines Baumes, der auf den Molukken beheimatet ist. Die Holländer wollten sich dieses Gewürz auf den Molukken exklusiv sichern, aber die Franzosen stahlen einige Pflanzen und brachten diese nach Sri Lanka und auf

Der Strauch der Rambutanfrucht.

Ein Verkaufsstand mit Kokosnüssen.

andere Inseln im Indischen Ozean. Früher wurden den Gewürznelken aphrodisiakische Eigenschaften zugeschrieben. Die Indonesier rauchen sie noch heute in ihren Kretek-Zigaretten. Bei Zahnschmerzen wirkt das lokale Applizieren von Gewürznelken oder -öl schmerzstillend.

Ingwer (Zingiber officinale)

Im alten Indien hieß Ingwer auf Sanskrit *sringavera* Hornpflanze aufgrund der Hirschgeweih ähnlichen Form. In der traditionellen indischen Heilkunde werden dem Ingwer blutreinigende Eigenschaften zugesprochen. Er wächst in Südamerika, Afrika und Asien.

Kardamom (Elletaria cardamomum)

Aus der Ingwer-Familie stammt der aromatische Kardamom, der im indisch-malaiischen Raum beheimatet ist. Von dort wurde er schon ins Alte Rom importiert. Dem Tee verleiht er eine milde Würze.

Muskat (Myristica fragrans)

Die Holländer wollten auch den Muskatbaumanbau exklusiv für die Molukken, aber Tauben trugen den Samen davon und verbreiteten sie auch außerhalb der Insel. Der Begründer Singapurs – Sir Stamford Raffles – ließ auf Sumatra Muskat-Plantagen anlegen.

In Sri Lanka wird Muskat bei der Zubereitung von Süßspeisen verwendet. In den 70er Jahren des 20. Jahrhunderts wurde Muskat oft in Überdosen als Drogenersatz genossen. Auf einen kurzen Rausch folgte starke Übelkeit mit Erbrechen.

Pfeffer (Piper nigrum)

Der Pfeffer war das allererste Gewürz, das Köche auf der ganzen Welt benutzten. Die kleinen Pfefferkörner machten viele Kaufleute zu reichen Leuten. Die Körner sind die getrockneten Beeren einer Schlingpflanze, die in Südindien beheimatet war. Durch das Entfernen der schwarzen, würzigen Schale erhält man den milderen weißen Pfeffer.

Muskatnuss.

Das Pfeffergewächs, dessen Beeren die Pfefferkörner liefern.

In Malaysia war der schwarze Pfeffer ein Abtreibungsmittel. Er wurde Honig und Ingwer beigemischt, zu Pillen gedreht und vor dem Essen eingenommen. Ob es wirkte, weiß man nicht so genau.

Vanille (Vanilla fragrans)

Die Vanille gehört der Orchideenfamilie an und war ursprünglich in Mexiko beheimatet. Es ist das einzige Familienmitglied der Großfamilie, das eine essbare Frucht hervorbringt. So exklusiv wie die Orchidee selbst, verlangt die Vanille einen besonderen Boden und ein entsprechendes Klima. So gelang es auch nicht, sie überall heimisch zu machen. Die Vanillefrucht ist bohnenförmig und etwa zehn bis 25 cm lang. Beliebt bei der Kuchenherstellung und natürlich beim Speiseeis.

Zimt (Cinnamomum ssp.)

Es wird die süßliche Rinde des strauchartigen Zimt-Baumes während der Regenzeit abgezogen. Von äußeren Schichten und Unreinheiten befreit, wird sie in der Sonne getrocknet. Durch den Feuchtigkeitsentzug kräuselt sich die Rinde. Sri Lanka ist der Hauptproduzent von Zimt, dem angeblich besten der Welt. Der indische Zimt ist von minderer Qualität. In Indonesien wird eine artverwandte Zimtgattung angebaut, die Padang Cassia (*cinnamomum bumani*).

Die Cashewnuss, wie man sie so in Europa nicht kennt – als Anhängsel an der Frucht.

© Iranga Guawardana

© Iranga Guawardana

© Iranga Guawardana

© Iranga Guawardana

SRI LANKA

MORGEN

Vorsorge – Vernunft – Verantwortung

Gegen die Gewalt der Natur ist der Mensch machtlos. Glaubt man der Geowissenschaft, gilt es als sicher, dass sich ähnliche Katastrophen auch in Zukunft ereignen werden. Doch niemand weiß, wo und wann. Nur durch Vorsorge könnten die Auswirkungen einer solchen Katastrophe gemindert werden. Hierzu bedarf es wirksamer Schutzmassnahmen.

In den vergangenen Wochen ist eine beispiellose internationale Hilfe angelaufen. Sie war wichtig und hilfreich, um die Überlebenden mit dem Nötigsten zu versorgen.

Sie hat gezeigt, dass die Weltgemeinschaft willens und in der Lage ist, rasch auf Katastrophen zu reagieren; egal, wo sie stattfinden, und egal, wer betroffen ist.

Die Betroffenen haben das weltweite Engagement auch dankbar registriert und eigene Konflikte zurückgestellt. Es wird nun aber endscheidend darauf ankommen, ob es der Weltgemeinschaft gelingt, die schwer geschädigten Regionen auch dann nicht wieder zu vergessen, wenn das Medieninteresse abnimmt und andere Themen in den Vordergrund rükken. Die Solidarität muss weitergehen. Die betroffenen Menschen vertrauen darauf, dass nachhaltige Veränderungen im Umgang mit Naturkatastrophen vorangebracht werden.

Die jetzt erforderlichen Maßnahmen sind jedoch gemeinsam mit den örtlichen Behörden und den Verantwortlichen zu planen und durchzuführen. Hilfe erreicht erst dann wirklich ihr Ziel, wenn sie von den Betroffenen getragen wird. Wenn die Menschen teilnahmslos zuschauen, laufen die besten Initiativen buchstäblich ins Leere. Es sei die Hoffnung auf einen den betroffenen Menschen dienenden Wiederaufbau mit der Erwartung verbunden, dass auch die Politiker des Landes die notwendigen Veränderungen mittragen und erkennen, dass internationale Hilfsbereitschaft nicht die Regierenden unterstützen, sondern dem Volk dienen soll. Nur wenn sie dies erkennen, wird eine nachhaltige Unterstützung und internationale Zusammenarbeit möglich sein.

Umfassende Kenntnis des Landes und Verständnis für die nicht zuletzt durch Traditionen geprägten Bedürfnisse der Menschen müssen mit den technischen und monetären Möglichkeiten der hochentwickelten Industriestaaten sinnvoll zusammengeführt werden. Eine zielführende Zusammenarbeit kann daher auch nur mit den Verantwortlichen vor Ort erreicht werden, jedoch auch nur dann, wenn diese ihre persönlichen Interessen hinter das Gemeinwohl zurückstellen.

Die verheerende Katastrophe birgt jetzt die Chance, ein weltweit abgestimmtes System aufzubauen, um Maßnahmen zu initiieren und umzusetzen, mit der Natur zu leben und auf künftige Naturkatastrophen besser vorbereitet zu sein.

Durch seismographische Überwachung des Meeresgrundes ist eine frühzeitige Erkennung von Seebeben möglich, und durch Einrichtung eines Warnsystems, wie es im Pazifik seit Jahren Realität ist, bleibt in vielen Fällen genug Zeit für Evakuierungen bedrohter Gebiete. Beides kostet viel Geld – aber doch wohl nur einen Bruchteil dessen, was der Wiederaufbau nach den verheerenden Folgen der Katastrophe vom Dezember 2004 jetzt kosten wird.

Unter dem Eindruck der Katastrophe sollte der Aufbau eines modernen Katastrophenschutzes auch in Sri Lanka möglich sein.

Mit den Naturgewalten zu leben bedeutet auch, mit Vernunft an den Wiederaufbau heranzugehen. Die Bauordnung ist zu ändern. An die gefährdeten Küsten gehören Schutzzonen. Häuser müssen stabiler gebaut werden. Die Regeln der Bautechnik sind verbindlich vorzuschreiben, einzuhalten und zu kontrollieren, denn nur so lässt sich diese Forderung in die Praxis umsetzen.

Verantwortliches Handeln heißt in der Praxis: den von der Tragödie betroffenen Menschen Hilfe anbieten. Die Entwicklung des Landes ist um Jahre, vielleicht sogar Jahrzehnte zurückgeworfen. Ziel des wirtschaftliches Wiederaufbaus ist daher, zunächst den Lebensstandard der Betroffenen wiederherstellen, um ihn später dann zu verbessern. Hilfe zur Selbsthilfe ist allein deshalb der einzige Weg, die Menschen der betroffenen Regionen wirksam zu fördern, weil internationales Engagement nur für einen begrenzten Zeitraum erwartet werden kann. Neben der möglichst zügigen Entwicklung von Hilfsprogrammen und Koordination von nationaler und internationaler Hilfe sind langfristige Strukturverbesserungen wichtig.

Ein wirksamer Umweltschutz ist besonders wichtig, um den Menschen die natürlichen Lebensbedingungen zu erhalten. Hierzu kann jeder beitragen, doch sind moderne Umweltstandards erforderlich. Nur so kann auch der Tourismus als wichtige Einnahmequelle des Landes wiederaufgebaut und langfristig gesichert werden.

Politik für die Menschen ist eine Politik, die allen Betroffenen mehr Sicherheit und ein besseres Leben im Einklang mit der Natur ermöglicht. Die Religionsgemeinschaften müssen sich gegenseitig respektieren. Neue Konflikte müssen vermieden werden, um den raschen Wiederaufbau nicht zu verzögern.

Visionen

Auch in Zukunft wird es Naturkatastrophen geben. Doch es ist nicht heute an der Zeit, aus der Vergangenheit anthropogener Katastrophen zu lernen, um wenigstens diese zu vermeiden? Wir denken dabei an Unruhen, Kriege, Terror, aber auch ethnische und religiöse Diskriminierung, Benachteiligung der Frauen in Beruf und Gesellschaft sowie Bildungsdefizite der Jugend.

Die Vergangenheit beweist, dass falsche Politik Schaden für die gesamte Menschheit bringt: Krieg, Zerstörung, Armut; Gewalt und Terror.

Es gilt, eine bessere Zukunft aufbauen, denn jeder Mensch hat ein Recht auf ein gesundes glückliches Leben. Die Menschen der von der Flutkatastrophe besonders schwer getroffenen Regionen brauchen die Hoffnung nicht aufzugeben, wenn sie von der Weltgemeinschaft jetzt nicht allein gelassen werden. Sicherheit und eine bessere Zukunft erfordern für diesen Moment, Konzepte und Visionen zu entwickeln, um den Wiederaufbau zu ermöglichen.

Um mit Geld etwas zu erreichen braucht man eine Vision – um eine Vision umzusetzen, braucht man Geld.

Vorrang hat eine massive Förderung des Mittelstands. Fischer zum Beispiel brauchen Boote und Netze, Marktplätze, um ihren Fang zu verkaufen, Lager- und Kühlhäuser und den Aufbau einer fischverarbeitenden Industrie.

Der Tourismus ist gerade für die von der Flut so schwer geschädigten Regionen ganz besonders wichtig, weil er Devisen ins Land bringt und unzähligen Menschen ihr Auskommen sichert. Die Gastfreundlichkeit der Menschen wird eine große Hilfe sein.

Einzelschicksale

Während meines ersten Besuchs nach der Flut in Sri Lanka, Anfang Januar 2005 fiel auf, dass vielen der am härtesten betroffenen Menschen allein durch geduldiges Zuhören dabei geholfen werden kann, die Trauer zu verarbeiten und mit dem Geschehenen weiterzuleben.

Hier einige Schicksale:

Ein Vater watet durch das Meerwasser auf der Suche nach einem sicheren Ort. Er trägt seinen kleinen Sohn auf dem Rücken. Er kämpft sich durch und verliert den kleinen Jungen durch ein Hindernis. Er findet den ersten Trost in der Kirche.

Ein Vater holt seine beiden Kinder aus dem Haus, in dem das Wasser der Flutwelle steigt und steigt. Er bringt die Kinder an einen sicheren Ort, kehrt ins Haus zurück, um seine Frau zu holen, findet sie und bringt sie nach draußen. Eine Welle spült ihn weg, er ertrinkt. Frau und Kinder haben den Vater und Ernährer verloren.

Schlusswort

Botschaften dieses Buches

Unter anderem war beabsichtigt, dem Leser der westlichen Welt einmal mehr die menschliche Tragödie näherzubringen.

In allen Ländern dieser Erde werden die gleichen Bilder von Tod und Verwüstung, zerstörten Häusern und weinenden Menschen mit Bestürzung und Anteilnahme aufgenommen. Das Echo der Schreie wird weltweit gehört. Im Gebet zeigen religiöse Menschen Mitgefühl und spenden Trost durch Gedanken und Worte. Taten folgen unmittelbar durch die zahlreichen Helferinnen und Helfer aus aller Welt, die großartige Arbeit in den Katastrophengebieten leisten. Das weltweite Mitgefühl für die von der Katastrophe betroffenen Menschen ist eine positive Erfahrung in unserer Zeit.

Schon Buddha hat erkannt, dass Ignoranz die Ursache allen Leidens ist, und auch die jüngere Vergangenheit lehrt: Jede Katastrophe bringt auch Menschlichkeit ans Licht, führt Menschen zusammen und kann neue Gedanken in die Welt setzen. Dieses Buch soll daher auch in den betroffenen Gebieten verbreitet werden, um den Menschen Mut zu machen und zu sagen: Ihr seid nicht alleine – wir sind bei euch.

Sicher: Jeder muss sein Schicksal selbst in die Hand nehmen. Die Welt kann von außen nur Hilfe zur Selbsthilfe leisten. Jedes einzelne Projekt ist dabei nur ein Tropfen, doch viele Tropfen bilden einen See; jedes einzelne Projekt ist dabei nur ein Sandkorn, doch viele Sandkörner schaffen einen Berg.

Die Rückbesinnung auf alte indische, religiös-philosophische Traditionen soll den Menschen Hoffnung auf ein besseres Leben in der Zukunft geben; ein Leben ohne Kasten und ethnische oder religiöse Diskriminierung, in Harmonie und Frieden.

Das aber ist nur möglich, wenn die Vision gesellschaftlicher Veränderungen in den betroffenen Ländern zu neuem politischem Denken führt.

So besteht dann eine weitere Botschaft in dem Appell an die Politiker und Regierungen dieser Welt, neue Gedanken und Ideen zu entwickeln und sinnvoll in internationale Hilfe zu investieren, um der Gefahr einer neuen Armut wirksam zu begegnen und auch über mein Heimatland, Sri Lanka, hinaus allen betroffenen Menschen eine glücklichere Zukunft zu sichern. Die über Jahrhunderte verfeindeten politischen Gruppierungen müssen endlich erkennen, dass kleinkariertes Denken und Töten nicht weiterführen. Gemeinsames verantwortliches Handeln der politisch Verantwortlichen ist zwingend erforderlich. Die Tragödie vom Dezember 2004 ist dafür Anlass und Auftrag zugleich.

Die Katastrophe vom Dezember 2004 war nicht die letzte Naturkatastrophe. Bemühen wir uns gemeinsam durch Aufbau eines wirksamen Frühwarnsystems und eines funktionsfähigen Katastrophenschutzes, wenigstens die Auswirkungen künftiger Heimsuchungen so gering wie möglich zu halten und das unbeschreibliche Leid der Menschen in Zukunft über die jetzt betroffenen Regionen hinaus weltweit zu vermeiden. Die religiösen Gemeinschaften, Christen und Juden, Buddhisten, Hindus und Moslems müssen aufhören, fundamentalistische Lehren zu verbreiten, sondern sich gegenseitig unterstützen und die Gemeinsamkeiten betonen. Existierende Toleranz zwischen den unterschiedlichen Religionen ist zu vertiefen und zu verbessern. Hier gilt es alle Menschen mit einzubeziehen. Diese Toleranz muss täglich und von uns allen gelebt werden. Anstatt sie nur von anderen zu fordern, muss sie geübt werden.

Quellenverzeichnis

HINDUISMUS

Bhattacharjee, Arun: History of Ancient India. New Delhi: Sterling Publ., 1979.

Bloomfield, Maurice: The Religion of the Veda. The ancient religion of India. Delhi; Varanasi: Indological Book House, 1972.

Deussen, Paul: Allgemeine Geschichte der Philosophie. 2 Bde. Leipzig: Brockhaus, 1915.

Deussen, Paul: Sixty Upanisads of the Veda/Transl. from German by V. M. Bedekar and G. B. Palsule. 2 vol. Delhi: Motilal Banarsidass, 1990.

Geldner, Friedrich: Zur Kosmogonie des Rigveda. Mit besonderer Berücksichtigung d. Liedes 10.129. Marburg, Koch, 1908.

Hardon, John A.: Gott in den Religionen der Welt. Luzern: Schweizer Volks-Buchgemeinde, 1967.

Hopkins, E. Washburn: The Religions of India. Boston: Ginn, 1895.

Karma and Rebirth in Classical Indian Traditions/Ed. Wendy Doniger O´Flaherty. Delhi: Motilal Banarsidass, 1983.

Narahari, N. G.: Atman in Pre-Upanisadic Vedic Literature. Madras, 1945.

Oldenberg, Hermann: Die Religionen des Veda. 4. Aufl., Stuttgart, Berlin: Cotta'sche Buchhandl., 1923.

Oldenberg, Hermann: Kleine Schriften/Hrsg. von Klaus L. Janert. 2 Bde. Wiesbaden: Franz Steiner, 1967.

Piggott, Stuart: Prehistoric India to 1000 B.C. Pelican Books, 1961.

The Principal Upanisads/Ed. with introduction, text, transl. and notes by S. Radhakrishnan. 5. ed., Delhi: Oxford Univ. Pr., 1992.

Der Rig-Veda/Aus d. Sanskrit ins Dt. übers. u. mit e. ... Kommentar vers. von Karl Friedrich Geldner. 4 Bde. Cambridge, Mass.: Harvard Univ. Pr., 1951–1957. (HOS; 33–36).

Scharbau, Karl Anders: Die Idee der Schöpfung in der vedischen Literatur. Stuttgart: Kohlhammer, 1932.

Spiegelberg, Frederic: Die lebenden Weltreligionen/Aus d. Amerikan. von Dora Fischer-Barnicol. Frankfurt a. M.: Surhrkamp, 1986. – (Suhrkamp Taschenbuch; 1305).

Winternitz, Moritz: Geschichte der indischen Literatur. 3 Bde. Leipzig, 1909–1922.

Zimmer, Heinrich: Philosophie und Religion Indiens. Frankfurt a. M.: Suhrkamp, 1973. (Suhrkamp Taschenbuch Wissenschaft; 26).
Zaehner, R. C.: Der Hinduismus. Seine Geschichte und seine Lehre. München: Goldmann, 1986. – (Goldmann Buch; 8629).

BUDDHISMUS

Bareau, A.: Der indische Buddhismus. In: Die Religionen Indiens III. Stuttgart: Kohlhammer, 1964. – (Die Religionen der Menschheit; 13).
Bechert, Heinz: Die Lebenszeit des Buddha – das älteste feststehende Datum der indischen Geschichte? Göttingen: Vandenhoeck & Ruprecht, 1986. – (Nachrichten der Akademie der Wissenschaften in Göttingen: Phil.-Hist. Klasse; 1986, H. 4).
Bham, A. J.: Philosophy of Buddha. New York: Collier Books, 1962.
Bhattacharyya, V.: The Basic Conception of Buddhism. Calcutta, 1934.
Collins, Steven: Selfless Persons. Imagery and thought in Theravada Buddhism. Cambridge: Cambridge Univ. Pr., 1982.
Conze, Edward: Der Buddhismus. Wesen und Entwicklung. 7., unveränd. Aufl., Stuttgart; Berlin; Köln: Kohlhammer, 1981. – (Kohlhammer Urban-Taschenbuch; 5).
—— : Eine kurze Geschichte des Buddhismus. Frankfurt a. M.: Insel, 1984.
De Silva, Padmasiri: An Introduction to Buddhist Psychology. London: Macmillan, 1979. (Library of Philosophy and Religion).
Dhammapadam. Der Wahrheitspfad. E. buddhistisches Denkmal/Aus d. Pali von Karl Eugen Neumann. Mit e. Einführung von Friedrich Griese. 4. Aufl. München; Zürich: Piper, 1984. – (SP; 317).
Dharmasiri, Gunapala: Fundamentals of Buddhist Ethics. Singapore: Buddhist Research Society, 1986.
Dhirasekera, Jotiya: Buddhist Monastic Discipline. A study of its origin and development in relation to the Sutta and Vinaya Pitakas. Colombo: Gunasena , 1982.
Dutt, Nalinaksha: Early History of the Spread of Buddhism and the Buddhist Schools/with a foreword by Narendra Nath Law. New Delhi: Rajesh Publ., 1980.
Dutt, Sukumar: The Buddha and Five After-Centuries. Calcutta: Sahitya Samsad, 1978.
—— : Buddhist Monks and Monasteries of India. Their history and their contribution to Indianculture. Delhi: Motilal Banarsidass, 1988.
Gautama Buddha. Die vier edlen Wahrheiten. Texte d. ursprünglichen Buddhismus/Hrsg. u. übertr. von Klaus Mylius. München: Dt. Taschenbuchverl., 1985. – (dtv klassik; 2166).
Glasenapp, Helmuth von: Buddhismus und Gottesidee. Die buddhistischen Lehren von den überweltlichen Wesen und Mächten und ihre religionsgeschichtlichen Parallelen. Mainz: Verl. d. Akad. d. Wiss. u. d. Literatur, 1954.
Gombrich, Richard: Buddhism Transformed. Religious change in Sri Lanka/Gananath Obeyesekere. Princeton, New Jersey: Princeton Univ. Pr., 1988.
Grimm, Georg: Die Lehre des Buddho. Die Religion d. Vernunft u. d. Meditation. 20., unveränd. Aufl. Freiburg i. Breisgau: Aurum-Verl., 1988.

Humphreys, Christmas: Karma and Rebirth. London: Curzon Pr., 1983.
Kalupahana, David J.: Buddhist Philosophy. A historical analysis. Honolulu: Univ. of Hawaii Pr., 1976.
Keith, A. Berriedale: Buddhist Philosophy in India and Ceylon. 2 ed., New Delhi: Oiental Books Repr. Corporation, 1979 (First publ. in 1923 by Oxford Univ. Pr.).
Kern, Heinrich: Der Buddhismus und seine Geschichte in Indien. E. Darstellung der Lehren und Geschichte der Buddhistischen Kirche. 2 Bde. Leipzig: Otto Schulze, 1882.
La Vallée Poussin, L. de: The Way to Nirvana. Cambridge: Cambridge Univ. Pr., 1917.
Law, Bimala Churn: Concepts of Buddhism. Delhi: Gian Publ. House, 1986.
—— : Geography of Early Buddhism. London, 1932.
—— : Heaven and Hell in Buddhist Perspective. Calcutta, 1923. Repr. Varanasi: Bhartiya Publ.House, 1973.
Malalasekera, G. P.: The Buddha and His Teachings. Colombo: The Lanka Bauddha Mandalaya.
Marasinghe, M. M. J.: Gods in Early Buddhism. A study in their social and mythological milieu as depicted in the Nikâyas of the Pâli Canon. Kelaniya: Univ. of Sri Lanka, 1974.
Nyanaponika: Der einzige Weg. 2., rev. Aufl., Konstanz: Christiani, 1980. – (Buddhistische Handbibliothek; 9).
—— : Im Lichte des Dhamma. Buddhistische Texte. Mit e. Kurzbiographie und e. Glossar hrsg. von Kurt Onken. Konstanz: Christiani, 1989.
—— : Der Weg zur Erlösung. In den Worten der buddhist. Urschriften/Ausgew., übers. und erl. von Nyanatiloka. 2., rev. Aufl. Konstanz: Christiani, 1981. (Buddhistische Handbibliothek; 8).
—— : Das Wort des Buddha. 4., rev. Aufl., Konstanz: Christiani, 1978. – (Buddhistische Handbibliothek; 1)
Oetke, Claus: »Ich« und das Ich. Analytische Untersuchungen zur buddhistisch-brahmanische Âtman kontroverse. Stuttgart: Steiner-Verl. Wiesbaden, 1988. – (Alt- und Neu-Indische Studien; 33).
Oldenberg, Hermann: Buddha. Sein Leben, seine Lehre, seine Gemeinde/Hrsg. von Helmuth von Glasenapp. Stuttgart: Magnus-Verl., [o.J.].
Pande, Govind Chandra: Studies in the Origins of Buddhism. 3. ed., Delhi: Motilal Banarsidass, 1983.
Perez-Remon, Joaquin: Self and Non-self in Early Buddhism. The Hague; Paris; New York: Mouton Publ., 1980.
Piyadassi, Thera: The Buddha`s Ancient Path. 2. ed., Kandy: Buddhist Publ. Society, 1979.
Rahula, Walpola: History of Buddhism in Ceylon. The Anuradhapura Period. Colombo: Gunasena, 1956.
Rhys Davids, Caroline A. F.: Buddha and not Buddhists. In: Indian Culture, Vol. III (1936–37), pp. 515–517.
—— : Outlines of Buddhism. A Historical Sketch. London: Methuen, 1934.
—— : What was the Original Gospel in Buddhism? London: Epworth Pr., 1938.
Rhys Davids, Thomas W.: Buddhism. Its history and literature. New York, 1896. (American Lectures).
—— : Buddhist India. Dehli; Varanasi: Indological Book House, 1970.

Saddhatissa, Hammalawa: Buddhist Ethics. The path to Nirvana. London:Wisdom
Suttas/transl. F. L. Woodward and E. M. Hare. 5 vol. London: PTS, 1932–1936. – (PTS: Translation Series; 22; 24–27).
The Book of the Kindred Sayings. (Samyutta-Nikaya) or grouped Suttas/transl. Mrs. C. A. F. Rhys Davids and F. L. Woodward. 5 vol. London: PTS, 1917–1930. – PTS: Translation Series; 7; 10; 13; 14;16):
The Collection of the Middle Length Sayings. Majjhima-Nikaya/transl. from the Pali by I. B. Horner. 3 vol. London: PTS, 1954–1959. – (PTS: Translation Series; 29–31).
The Jataka or Stories of the Buddha's Former Births/transl. from the Pali by various hands under the editorship of E. B. Cowell. 6 vol. London: PTS, 1895–1907.
The Mahavamsa or the Great cronicle of Ceylon/transl. into Engl. by Wilhelm Geiger. London: PTS, 1964.
Thomas, Edward J.: The Life of Buddha as Legend and History. 3. ed., London: Routledge & Kegan Paul, 1952.
Visuddhi-Magga oder Der Weg zur Reinheit. Die größte und älteste systematische Darstellung des Buddhismus/zum ersten Male aus dem Pali übers. von Nyanatiloka. 2. Aufl., Konstanz: Christiani, 1952.
Waldenfels, Hans: Faszination des Buddhismus. Zum christlich-buddhistischen Dialog. Mainz: Grünewald, 1982.
Warder, A. K.: Indian Buddhism. Delhi: Motilal Banarsidass, 1970.
Warren, Henry C.: The Life of the Buddha. Delhi: Eastern Book Linkers, 1986.
Welbon, G.: The Buddhist Nirvana and its Western Interpreters. Chicago, 1968.

CHRISTENTUM

Blank, Josef: Das Evangelium nach Johannes. 2 Bde. Düsseldorf: Patmos-Verl., 1981. (Geistliche Schriftlesung; 4)
Bultmann, Rudolf: Geschichte und Eschatologie. Tübingen: Mohr, 1964.
—— : Theology of the New Testament. Tübingen, 1952.
Christus und die Religionen der Erde. E. Handbuch d. Religionsgeschichte/hrsg. von Franz König. 3 Bde. Wien; Freiburg: Herder, 1951.
Eichrodt, Walter: Theologie des Alten Testaments 2/3. Gott und Welt. Gott und Mensch. 2. Aufl. Berlin: Evangel. Verl.-Anst., 1948.
Garbe, Richard: Indien und das Christentum. E. Untersuchung der religionsgeschichtl. Zusammenhänge. Tübingen: Mohr, 1914.
Hatch, Edwin: Griechentum und Christentum. 12 Hibbertvorlesungen über d. Einfluß griech. Ideen u. Gebräuche auf d. christl. Kirche/Dt. von Erwin Preuschen. Mit Beil. von Adolf Harnack u. d. Übersetzer. Freiburg i. Br.: Mohr, 1892.
Johnson, Aubrey: The Vitality of the Individual in the Thought of Ancient Israel. Cardiff: Univ. of Wales Pr., 1964.
Kehl, Medard: Eschatologie. Würzburg: Echter Verl., 1986.

Küng, Hans: Christ sein. München; Zürich: Piper, 1974.
May, Gerhard: Schöpfung aus dem Nichts. D. Entstehung d. Lehre von d. creatio ex nihilo. Berlin; New York: de Gruyter, 1978. – (Arbeiten zur Kirchengeschichte; 48).
Neue Jerusalemer Bibel. Einheitsübers. mit d. Kommentar d. Jerusalemer Bibel/Dt. hrsg. von Alfons Deissler und Anton Vögtle in Verb. mit Johannes M. Nützel. Neu bearb. u. erw. Ausg. Leipzig: St. Benno-Verl., 1986.
Pannenberg, Wolfhart: Was ist der Mensch? Die Anthropologie d. Gegenwart im Licht d. Theologie. Göttingen: Vandenhoek & Ruprecht, 1972. – (Kleine Vandenhoek-Reihe; 139–140a).
Rahner, Karl: Grundkurs des Glaubens. Einf. in den Begriff des Christentums. 3. Aufl., Freiburg; Basel; Wien: Herder, 1984.
Rohde, Erwin: Psyche. Seelenkult und Unsterblichkeitsglaube der Griechen. 2 Bde. Tübingen: Mohr, 1925.
Scheffczyk, Leo: Der Reinkarnationsgedanke in der altchristlichen Literatur. Vorgetr. am 1. Febr. 1985. München: Verl. der Bayr. Akad. der Wiss., 1985. – (Sitzungsberichte/Bayerische Akademie der Wissenschaften/Phil.-Hist. Klasse; Jg. 1985, H. 4).
Schillebeeckx, Edward: Jesus. Die Geschichte von einem Lebenden. 6. Aufl., Freiburg; Basel; Wien: Herder, 1975.
Seele. Ihre Wirklichkeit, ihr Verhältnis zum Leib und zur menschl. Person/hrsg. von K. Kremer. Leiden; Köln: Brill, 1984. – (Studien zur Problemgeschichte der antiken und mittelalterlichen Philosophie; Bd. 10).
Warum Glauben? Begründung u. Verteidigung d. Glaubens in 41 Thesen/Hrsg. von Walter Kern u. Günter Stachel. 3., neubearb. Aufl., Würzburg: Echter-Verl.,1967.
Wolff, Hans Walter: Anthropologie des Alten Testaments. München: Kaiser, 1973.

Umschlaggestaltung: Michael de Maizière, Berlin
Graphische Beratung: Jürgen Becker, Berlin
Druck und Bindung: TRIGGERagent productions GmbH, Berlin
TENEA-Graphik: Walter Raabe, Berlin
Printed in Germany 2005

ISBN 3-86504-115-9

TENEA

Martin Weinhold

Künstler. Köpfe. Ateliers.

Eine fotografische Portraitarbeit aus dem Berliner Südosten

Der Fotograf Martin Weinhold hat in den Jahren 2001–2004 im Berliner Südosten über 80 bildende Künstler in ihren Ateliers und Werkstätten aufgesucht und dort portraitiert. Die Bilder – durchgängig in schwarzweiß – sind Dokumentation und Bestandsaufnahme einer künstlerischen Szene an der Peripherie der Großstadt Berlin. Eine Auswahl dieser Portraitsammlung erscheint in dem Bildband »Künstler Köpfe Ateliers«. In den Portraits stehen die Menschen im Vordergrund, unabhängig von künstlerischem Rang und Bedeutung. Es gibt keine Inszenierungen vom »verrkckten und bunten Volk« der Maler und Bildhauer, die Persönlichkeiten sind unabhängig von diesem Klischee und spannend genug – ob ausgelassen oder sehr ernst, ob mit farbfleckigem Malerkittel oder vor einer weißen Wand ohne Hinweis auf das Sujet. Auf den Fotografien verrät der Blick in die Arbeitsräume manchmal ebensoviel über den Künstler, wie die Abbildung der Person selbst. Es geht um die Herausforderungen, mit und von der Kunst zu leben und natürlich um die Faszination künstlerischen Schaffens.

Biographische Angaben und frei gewählte Texte ergänzen die Fotografien um Selbstaussagen der Künstler. Der Band ist mit einem Vorwort des Kunstwissenschaftlers Dr. Jens Semrau versehen.

geb., 120 S., Format 23,5 x 26,5
zahlr. sw.-Abb., davon 57 ganzseitige Fotos
ISBN 3-86504-088-8
24,90 €